I0753993

ADOLPHE CARCASSONNE



# Théâtre de Jeunes Filles

*Pièces à jouer dans les familles et dans les pensionnats.*

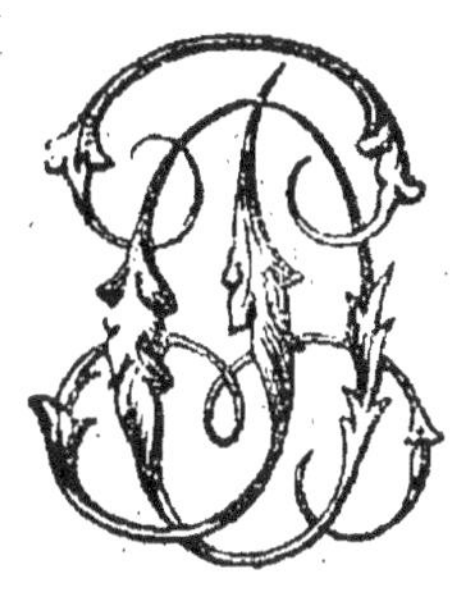

PARIS
PAUL OLLENDORFF, ÉDITEUR
28 *bis*, RUE DE RICHELIEU, 28 *bis*

1887

# THÉATRE

DE

# JEUNES FILLES

## OUVRAGES DU MÊME AUTEUR

---

THÉATRE D'ENFANTS, petites comédies en vers, 2e édition.
THÉATRE D'ADOLESCENTS, comédies en vers, 3e édition.
PIÈCES A DIRE, 3e édition.
SCÈNES A DEUX, 2e édition.
NOUVELLES PIÈCES A DIRE, 2e édition.
RÉPLIQUES ENFANTINES, petites pièces à réciter, 2e édition.
LE MARIAGE DES FLEURS, récit, 2e édition.

### THÉATRE

LA FILLE DU FRANC-JUGE, drame en quatre actes, en vers, 2e édition.
LA FÊTE DE MOLIÈRE, comédie en un acte, en vers.
LE JUGEMENT DE DIEU, drame lyrique en quatre actes,
LE MENUET, comédie en un acte, en vers.
LE PACTE, légende en un acte, en vers.

### POÉSIES

PREMIÈRES LUEURS
LES GOUTTES D'EAU, 2e édition.
LES BULLES D'AIR

---

IMPRIMERIE GÉNÉRALE DE CHATILLON-SUR-SEINE. — A. PICHAT.

ADOLPHE CARCASSONNE

# Théâtre de Jeunes Filles



*Pièces à jouer dans les familles et dans les pensionnats.*

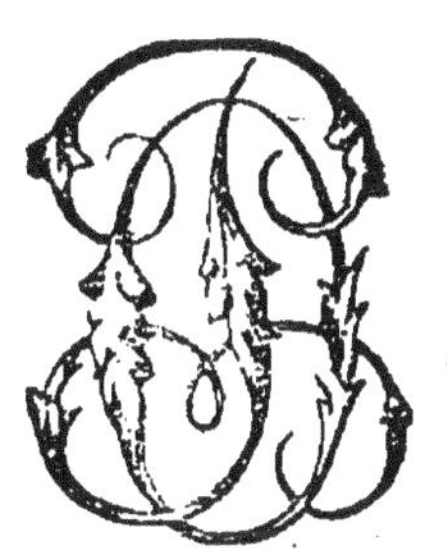

PARIS
PAUL OLLENDORFF, ÉDITEUR
28 *bis*, RUE DE RCHELIEU, 28 *bis*,

1887

LE

# MARIAGE DES FLEURS

PIÈCE EN UN ACTE, EN VERS

## PERSONNAGES

LA ROSE
LA PAQUERETTE
LA PENSÉE
LA VIOLETTE
L'ÉGLANTINE
L'AUBÉPINE
LA MARGUERITE
LA GIROFLÉE
L'ORANGER
LE BLUET
LE MYOSOTIS
LE CYCLAMEN
LE COQUELICOT
L'ŒILLET
LE LISERON
MONSIEUR PRINTEMPS
LE PAPILLON
LA ROSÉE
MONSIEUR ZÉPHIR
MONSIEUR ROSSIGNOL
LE VER-LUISANT

LE

# MARIAGE DES FLEURS

---

Un jardin. A gauche, au premier plan, un banc; au second plan, un arbre avec de la mousse au pied. — A droite, vers le fond, une table. — Bancs.

Au lever du rideau, toutes les fleurs sont en scène. — La Rose est vers le fond, à gauche; la Paquerette, la Pensée, l'Eglantine, la Marguerite, l'Aubépine et la Giroflée sont à gauche. — Le Bluet, le Myosotis, le Cyclamen, l'OEillet, le Liseron et le Coquelicot sont à droite. L'Oránger est au milieu.

## SCÈNE PREMIÈRE

### LES FLEURS, L'ORANGER

L'ORANGER

Être seul, c'est vraiment bien triste, chères fleurs;
A quoi bon nos parfums, nos riantes couleurs

Et le charme idéal qui toujours est le nôtre,
Si nous n'en faisons pas le partage d'un autre?
L'isolement constant gâte le meilleur bien,
Et le plus frais sourire en devient terne. Eh bien!
Puisque de la beauté nous avons l'apanage,
Je viens vous proposer de vous mettre en ménage.

LES FLEURS

Oui.

L'ORANGER

Comme assentiment toutes levez la main.

*Toutes les fleurs lèvent la main.*

Très bien, et maintenant prenons le droit chemin :
Que le choix de chacun sur chacune s'arrête.

LE BLUET, *venant devant la Paquerette.*

Je vous offre ma main, charmante Paquerette.

LA PAQUERETTE

Je l'accepte, mon cher Bluet.

L'ORANGER

C'est bien cela.

*A la Paquerette et au Bluet en indiquant le fond.*

Venez, beaux fiancés, et rangez-vous par là.

*La Paquerette et le Bluet passent au fond.*

LE MYOSOTIS, venant vers la Pensée.

Je garde de l'oubli l'affection passée;
Voici ma main, ô fraîche et rêveuse Pensée!

LA PENSÉE

Nous ferons, je le vois, des époux assortis;
J'accepte votre hommage, ô doux Myosotis!

Ils vont rejoindre la Paquerette et le Bluet. — Le Cyclamen s'approche de l'arbre, à gauche, et il cherche dans la mousse.

L'ORANGER, au Cyclamen

Que cherchez-vous ainsi dans ce tapis de mousse?

LE CYCLAMEN

Celle que je préfère et dont l'haleine douce
A des parfums qui sont d'autant plus recherchés
Qu'avec le plus grand soin elle les tient cachés,
Celle qui plaît toujours dans son humble toilette.

A la Violette qui surgit de derrière l'arbre.

Je veux m'unir à toi, charmante Violette.

LA VIOLETTE

Bien vite je réponds à ton projet d'hymen,
Je serai ta compagne, ô mon cher Cyclamen!

Ils rejoignent les autres couples.

L'ÉGLANTINE, venant près de l'Oranger suivie de la Marguerite.

Ne peut-on pas aller vers celui qu'on préfère?

LA MARGUERITE

Ne peut-on pas choisir?

L'ORANGER

Non, vous ne pouvez faire
Ce que depuis longtemps l'usage n'admet pas,
Ce sont les messieurs seuls qui font le premier pas.

L'Eglantine et la Marguerite retournent à leur place.

L'ŒILLET, venant près de la Giroflée et avec emphase.

En disant votre nom ma pensée est ravie,
O belle Giroflée! à vous et pour la vie.

LA GIROFLÉE, sur le même ton.

Jugez si j'en suis aise et si cela me plaît,
A vous et pour la vie, ô magnifique Œillet!

L'Œillet offre également son bras et tous deux vont rejoindre les autres couples.

LE LISERON, s'approchant de l'Eglantine.

C'est un lot ravissant que le sort me destine :
Voulez-vous m'épouser, ma petite Églantine?
Pour vous je serai doux, pour vous je serai bon.

L'ÉGLANTINE

Très bien, marions-nous, mon petit Liseron.

Ils rejoignent les autres.

LE COQUELICOT, s'approchant de la Marguerite.

Fier de tous mes succès et sûr de mon mérite,

Je vous offre ma main, ma chère Marguerite;
Il est bien que chacun apporte son écot.

LA MARGUERITE

J'en suis fière pour moi, mon cher Coquelicot.

Ils vont vers les autres couples.

L'ORANGER

J'en étais sûr, déjà les couples sont en nombre,
Et tout s'est accompli sans voir surgir une ombre;
C'est charmant d'opérer d'une telle façon.

Après une pause.

Ah! ça, mais... et moi donc? vais-je rester garçon?
Non, je prêche d'exemple et leur bonheur me tente.

Il s'approche de l'Aubépine.

Je demande ta main, Aubépine constante.

L'AUBÉPINE

Je m'attache à celui qui ne doit pas changer,
Et j'accepte ta main, vertueux Oranger!

L'ORANGER, regardant vers la gauche.

Voici monsieur Printemps qui, par l'allée ouverte,
S'avance ; il a, pour nous, mis son écharpe verte,
C'est le maire choisi dans le pays des fleurs.

Monsieur Printemps entre, il a un costume vert et il porte une écharpe verte. Il tient un livre qu'il dépose sur la table, à droite.

## SCÈNE II

### LES MÊMES, MONSIEUR PRINTEMPS

MONSIEUR PRINTEMPS

Vous avez fait tantôt l'échange de vos cœurs;
L'Oranger m'ayant dit vos projets de ménage,
D'avance j'ai dressé l'acte de mariage;
Les noms seuls des conjoints restent à désigner,
Venez compléter l'acte en venant le signer.

Une marche se fait entendre, chaque couple vient signer devant le public et sort. Il ne reste en scène que la Rose qui se tient vers le fond, à gauche.

## SCÈNE III

### LA ROSE, MONSIEUR PRINTEMPS

MONSIEUR PRINTEMPS

Sur tous ces jolis fronts pas un seul pli morose!

LA ROSE, qui est venue sur le devant de la scène.

Bonjour, monsieur Printemps.

MONSIEUR PRINTEMPS

Bonjour, charmante Rose.

*Après l'avoir considérée un instant.*

Tiens! vous avez l'air triste et presque soucieux.

LA ROSE

Je suis d'humeur mauvaise.

MONSIEUR PRINTEMPS

On le voit à vos yeux.

LA ROSE

Peut-on, en vérité, concevoir la pensée
Que je sois, moi, la Rose, à ce point délaissée?
Quoi! pas un seul hommage à ma beauté rendu!
Quoi! ne pas m'apporter ce qui m'est si bien dû!
C'est à ne pas y croire, et pourtant sur ma tige
J'ai pris soin d'augmenter l'éclat de mon prestige,
J'ai laissé tant de frais parfums s'évaporer
Que l'air lui-même aurait voulu se respirer,
Et rien! pas un seul vœu pour moi dans cette fête!
Ah! je souffre devant l'injure qui m'est faite.

MONSIEUR PRINTEMPS

Quand vous avez été créée, on a requis
Ce qu'il est de charmant et ce qu'il est d'exquis,
Votre fraîcheur n'a rien qui lui soit comparable,
Votre souffle est un flot de senteur adorable,
Et votre beau sourire est fait d'une clarte
Dont le reflet descend dans le cœur enchanté;

Aussi, plus d'un aurait tenté votre conquête,
Mais, il faut bien le dire, on vous sait trop coquette,
Et la coquetterie est un très grand danger
Auxquels les prétendants prennent soin de songer.
D'autres fleurs, l'Aubépine ou bien la Violette
N'avaient pas augmenté l'éclat de leur toilette,
Elles n'avaient pas fait de grands frais, cependant
Chacune a vu tantôt venir son prétendant,
Et cela, je l'avoue, avait sa poésie.

LA ROSE

Eh bien! je les ferai mourir de jalousie,
Je les effacerai hautement et si bien
Que de leur vain prestige il ne restera rien.

MONSIEUR PRINTEMPS

L'orgueil conseille mal; pour moi, plus j'y regarde,
Plus je crois ce projet dangereux... Prenez garde.

Il sort par la droite.

## SCÈNE IV

LA ROSE, puis LE PAPILLON

LA ROSE

Prendre garde, cela me froisse, en vérité;
On ne conteste pas l'éclat de la beauté,

Et dût-on m'appeler vaine et fière, j'estime
Qu'en pareil cas l'orgueil est un droit légitime.
On l'a dit bien souvent, la plus belle a raison :
Je ne demande donc qu'une comparaison,

Avec dérision.

Et l'on pourra juger, selon son vrai mérite,
L'éclat de l'Aubépine ou de la Marguerite.

Le Papillon entre.

LE PAPILLON

Le ciel est souriant, l'air est délicieux
Et rempli de senteurs.

Il cherche dans le jardin.

LA ROSE, s'approchant.

Papillon gracieux,
Que cherchez-vous avec une attention telle?

LE PAPILLON

Entre toutes les fleurs je cherche la plus belle.

LA ROSE

Vous n'aurez, il est sûr, que l'embarras du choix.

LE PAPILLON

Non, je n'ai plus besoin de chercher; je vous vois.

LA ROSE

Vous me jugez peut-être avec trop d'indulgence.

LE PAPILLON

Je juge simplement avec intelligence;
Sur ce point difficile et toujours important
J'ose, sans me vanter, me dire compétent;
Eh bien! je ne vois rien qui vous soit préférable.

LA ROSE

Vous trouvez?

LE PAPILLON

Vous avez une grâce adorable,
Votre sourire est frais comme l'air du matin,
Et l'aurore n'a pas l'éclat de votre teint.

LA ROSE

Vraiment?

LE PAPILLON

Quand vous ouvrez votre fine corolle
Un doux parfum s'élève avec chaque parole;
Aussi l'on ne devrait vous parler qu'à genoux.

LA ROSE

C'est votre avis?

LE PAPILLON

Sans doute.

LA ROSE

Eh bien! marions-nous.

LE PAPILLON

Vous vous faites ainsi l'écho de ma pensée :
Voici ma main, ma belle et chère fiancée.

LA ROSE, prenant la main du Papillon et après un silence.

On a dit cependant que vous êtes léger
Et que de l'une à l'autre on vous voit voltiger.

LE PAPILLON

Invention gratuite et pure calomnie!
Nous allons tous les deux vivre dans l'harmonie
Et nous ferons ensemble un ménage charmant.

LA ROSE

Vous me le promettez?

LE PAPILLON

Je prends l'engagement
D'être des plus constants, d'être des plus fidèles;
D'ailleurs, votre regard fait replier mes ailes
Et me retient captif dans un réseau si doux
Que je ne pourrai plus me séparer de vous.

LA ROSE

Alors, je fais un vœu.

LE PAPILLON

Quel qu'il soit, je l'exauce.

LA ROSE

Nous donnerons un bal.

LE PAPILLON

Un bal?

LA ROSE

Mon bal de noce.

LE PAPILLON

Comptez-y, ma charmante, et soyez en repos,

*Monsieur Printemps vient par le fond.*

Voici monsieur Printemps, il arrive à propos,

*Allant vers lui.*

Nous voulons nous unir.

MONSIEUR PRINTEMPS

C'est un charmant message :

*Indiquant le livre sur la table.*

Signez tous deux.

*A part, au Papillon qui passe devant lui.*

Songez à devenir plus sage.

*La Rose et le Papillon signent.*

LE PAPILLON

Nous voilà pour toujours unis.

*Ils viennent saluer monsieur Printemps et ils sortent.*

## SCÈNE V

### MONSIEUR PRINTEMPS

Qu'ils soient heureux !
C'est le meilleur souhait que je forme pour eux,
Bien que, dans un projet d'union aussi chère,
La foi d'un papillon me semble très légère.
Ah ! je n'ai pas perdu ma journée aujourd'hui.

*Après une pause.*

Mais, voyons, ce que j'ai si bien fait pour autrui
Ne le pourrais-je pas faire aussi pour moi-même ?
Ne trouverais-je pas aussi quelqu'un qui m'aime ?
Malgré tout ce qu'on dit des charmes du printemps,
Je suis resté garçon et voilà bien longtemps.
Toute au dehors, ma vie intime est monotone ;
Pour en finir j'ai bien mademoiselle Automne,
Mais, comme si c'était pour nous un fait exprès
A travers l'almanach nous nous courons après
Sans que l'un d'entre nous jamais n'atteigne l'autro.
C'est une destinée étrange que la nôtre :
Lorsque juin est venu, puis-je franchir d'un saut
Trois mois d'ardent soleil ? il fait beaucoup trop chaud.

Et quand l'automne, avec les brumes autour d'elle,
Passe, peut-elle aussi franchir dans un coup d'aile
Les trois mois rigoureux où la tristesse croît
Dans la glace et la neige ? il fait beaucoup trop froid.
Et nous tournons ainsi. J'ai du moins, l'apanage
De mettre autour de moi les couples en ménage.

La marche des fleurs se fait entendre; les couples entrent en scène et se placent, l'un à côté de l'autre, à droite et à gauche. La Rose entre après eux avec le Papillon.

## SCÈNE VI

### MONSIEUR PRINTEMPS, LA ROSE, LE PAPILLON, LES FLEURS

MONSIEUR PRINTEMPS

Ah! voici les conjoints; quels groupes gracieux!
Comme ils ont l'air content!

La Rose est venue au milieu de la scène en donnant la main au Papillon.

LA ROSE

Mesdames et messieurs :
Dans ce jardin riant, sous ces vertes ramures
Où flottent des senteurs, où passent des murmures,

Le Papillon et moi vous prions instamment
D'être du bal qui va s'ouvrir dans un moment.

Les Fleurs s'inclinent en signe d'assentiment.

LE PAPILLON

Vous plaire est, avant tout, le but auquel je vise.

LE PRINTEMPS

Mais se peut-il qu'un bal aussitôt s'improvise?

LE PAPILLON

J'ai vu quelques voisins qui sont de mes amis,
Et tous avec beaucoup de grâce m'ont promis
Leur concours; ils viendront, j'en ai la certitude,
Je compte sur leur zèle et leur exactitude.

Apercevant monsieur Rossignol qui entre.

Ah! voici le premier; cher Rossignol, merci
De votre empressement à venir jusqu'ici.

LE ROSSIGNOL

Je prête mon concours volontiers et sans lutte;
Je servirai d'orchestre et jouerai de la flûte.

LA ROSE

Un soin pareil me flatte et me plaît à ravir.

Le Rossignol se range à droite. Monsieur Zéphir vient par le fond.

LE PAPILLON

Voici mon autre ami : Bonjour, mon cher Zéphir.

LE ZÉPHIR

Je conduirai le bal : De mon souffle, en cadence,
Je marquerai les pas, je réglerai la danse.

LE PAPILLON

C'est être tout à fait aimable, en vérité.

LA ROSE

Nous vous remercions d'une telle bonté.

*Le Zéphir passe à droite.*

LE PRINTEMPS

Ingénieusement l'idée est exposée.

*La Rosée entre.*

LE PAPILLON

Ah! vous voilà, charmante et limpide Rosée!
A vous ma gratitude et mes remerciements.

LA ROSÉE

Moi, je vous fournirai les rafraîchissements.

LA ROSE

Ah! que c'est bien! ayez aussi la certitude
De mon enchantement et de ma gratitude.

*La Rosée passe à droite; le Ver luisant entre.*

LE PAPILLON

Je mesure à quel point vous êtes complaisant :
Soyez le bienvenu, mon ami Ver luisant.

LE VER LUISANT

Lorsque la nuit viendra sous ce mobile ombrage,
En... me tournant un peu, je serai l'éclairage.

LA ROSE

Que de grâce!

Le Ver luisant passe à droite.

LE PAPILLON

A présent, tout est prêt, commençons;
Mesdames et messieurs, il faut danser.

LES FLEURS

Dansons.

Un motif de valse se fait entendre; les couples se forment, ils font le tour de la scène et ils sortent par la droite et par la gauche. — Le Rossignol, le Zéphir, la Rosée et le Ver luisant sortent aussi. — Monsieur Printemps reste seul en scène.

## SCÈNE VII

MONSIEUR PRINTEMPS

Cela marche très bien; décidément la fête
Sera pleine d'attraits et de tous points parfaite.

Des couples traversent, en valsant, le fond de la scène.

C'est un charme de voir, le long des verts bosquets,

Se grouper ces couleurs et tourner ces bouquets.
La valse! ah! c'est gentil, mais elle n'est qu'un leurre
Pour moi qui suis tout seul. Je l'ai dit tout à l'heure
Quand les couples avaient le bonheur dans les yeux,
Etre seul, c'est bien triste, être deux vaut bien mieux.
Ce regret, que la valse entraînante me donne,
Me remet dans l'esprit mademoiselle Automne,
Je voudrais l'engager à valser, mais comment?
Elle est à Sumatra, je crois, en ce moment,
La rencontre n'est pas facile.

*Après une pause.*

Tiens, c'est drôle.

*En ayant l'air de se secouer.*

Allons, monsieur Printemps, soyez à votre rôle,
N'ayez pas ainsi l'air triste comme un linceul,
Valsez donc, valsez donc, dussiez-vous valser seul!

*Il valse et il gagne ainsi le fond par où il sort.*

## SCÈNE VIII

LA ROSE, *venant par la gauche*, puis LE PAPILLON et L'ÉGLANTINE

LA ROSE

D'où vient cela? pourquoi si tôt m'a-t-il laissée?

Est-il donc vrai que rien n'attache sa pensée?
Il m'a dit que je suis la plus belle, et pourtant
Il n'est auprès de moi resté qu'un seul instant.
Laisserait-il ainsi passer dans un coup d'aile
Sa promesse fervente et son serment fidèle?
Ah! ce serait affreux, puisque nous n'avons pas
Des ailes pour les suivre au loin...

**Ecoutant :**

J'entends des pas.

**L'Églantine entre par la gauche suivie par le Papillon.**

LA ROSE

C'est lui... je veux savoir quel sort il me destine.

**Elle se cache derrière l'arbre, à gauche.**

LE PAPILLON

Que je vous trouve belle, ô ma chère Églantine!

L'ÉGLANTINE

Vous m'ennuyez, monsieur Papillon, sachez-le;
Ne me fatiguez plus de votre conte bleu.

**Elle sort par la droite, le Papillon la suit.**

LA ROSE

Quelle honte! à ce point se voir humiliée!
A ce point se savoir dédaignée! oubliée!
Je ne me souviens pas d'avoir souffert ainsi.

**La Marguerite entre.**

## SCÈNE IX

LA ROSE, derrière l'arbre. — LA MARGUERITE,
puis LE PAPILLON

LA MARGUERITE

Comme on respire mieux! comme on est bien ici!
Le Rossignol jouait peut-être un peu trop vite.

LE PAPILLON, rentrant et venant auprès de la Marguerite.

Vous recherchez le frais, charmante Marguerite?

LA MARGUERITE

Oui, monsieur Papillon, je le recherche, et vous?

LE PAPILLON

Moi, je viens, attiré par un charme bien doux.

LA MARGUERITE

Ah! peut-on demander lequel?

LE PAPILLON

On le devine :
J'ai dans mes yeux épris votre grâce divine.

LA MARGUERITE

Cela vous plaît à dire.

LE PAPILLON

Oh! c'est très sérieux.

LA ROSE, derrière l'arbre.

Faut-il entendre encor ce langage odieux?
Ah! quel horizon triste à mes yeux se dévoile!

LE PAPILLON

Vous êtes le sourire et vous êtes l'étoile...

LA MARGUERITE

Pardon, j'entends du bruit; laissez là l'idéal
Et donnez-moi le bras pour rentrer dans le bal;
S'il venait par ici...

LE PAPILLON

Voyez donc, rien ne bouge.

LA MARGUERITE, continuant.

Monsieur Coquelicot se fâcherait tout rouge.
Votre bras, je vous prie.

Elle prend le bras du Papillon et ils sortent par la droite. La Rose vient en scène.

## SCÈNE X

LA ROSE, puis LE PRINTEMPS

LA ROSE

O désespoir! ô deuil!
J'ai refoulé le cri poussé par mon orgueil.
Je ne veux pas qu'on sache et ne veux pas qu'on dise
Que je souffre du coup qui cependant me brise,
Et je demeurerai devant l'injuste affront
Avec la nuit au cœur et la lumière au front.

LE PRINTEMPS, entrant et regardant par où est sorti le Papillon.

C'était prévu.

S'approchant de la Rose.

Sans vous, ma belle et fraiche Rose,
Le bal étincelant va devenir morose;
Venez-y resplendir, venez.

LA ROSE

Non, laissez-moi.

LE PRINTEMPS

Vous souffrez, n'est-ce pas? je devine pourquoi.

LA ROSE

Ah! votre ingénieuse et touchante tendresse
Est lucide toujours pour ce qui m'intéresse :
Eh bien! je n'ai jamais rien éprouvé de tel,
Et l'ingrat m'a frappée au cœur d'un coup mortel.

LE PRINTEMPS

Vous l'oublierez.

LA ROSE

Oh! non... D'ailleurs, je suis brisée.

LE PRINTEMPS

Je vais auprès de vous appeler la Rosée,
Le contact bienfaisant de sa fraîche liqueur
Vous remettra la vie et l'espérance au cœur.

LA ROSE.

Non, les soins seraient vains. La fière abandonnée
Aura dans un moment sa corolle fanée.

LE PRINTEMPS

Ne dites pas cela, chère Rose.

LA ROSE

Je sens
Dans mes feuilles passer des frissons incessants,
Une étrange langueur m'entoure et me pénètre.

LE PRINTEMPS

Ne dites pas cela!

LA ROSE, indiquant le banc, à droite.

Je serai mieux peut-être
Sur ce banc, voulez-vous m'y conduire?

Le Printemps la conduit jusqu'au banc qu'il tourne pour lui faire faire face au public.

LA ROSE

Merci.

LE PRINTEMPS

Eh bien! charmante Rose, êtes-vous mieux ainsi?

LA ROSE, avec un peu de délire.

Le jour remonte au ciel, et comme une aile sombre
La nuit s'étend dans l'air et m'enveloppe d'ombre,
Je sens mon front pâlir et mon cœur se fermer.

LE PRINTEMPS

Mais ne suis-je pas là, moi, pour les ranimer?
Que m'importe la nuit? que m'importent ses voiles?
J'augmenterai pour vous le nombre des étoiles,
Je répandrai dans l'air des souffles qui mettront
La sève à votre cœur, la joie à votre front,
Je vous entourerai de fraîcheur et de vie.

LA ROSE

L'espoir où votre voix bien chère me convie
Est superflu... J'ai froid...

LE PRINTEMPS, à part.

Ah! je frissonne aussi!

LA ROSE.

L'ombre vient...

LE PRINTEMPS, se penchant vers elle.

Par pitié! ne parlez pas ainsi;
Sans vous mes jours aussi vont devenir moroses,
Il n'est plus de printemps quand il n'est plus de roses,
Le plus cher des trésors qui m'aient été donnés
C'est vous...

LA ROSE

Je vais mourir...

L'Oranger et l'Aubépine paraissent au fond.

LE PRINTEMPS, à part.

O ciel!

Apercevant l'Oranger et l'Aubépine.

Venez! venez!

L'Oranger et l'Aubépine viennent en scène; ils sont suivis par toutes les fleurs.

## SCÈNE XI

LA ROSE, LE PRINTEMPS, L'AUBÉPINE, L'ORANGER, LES FLEURS

L'ORANGER

Hélas! quel dénoûment triste pour cette fête!

LA ROSE, relevant la tête avec effort.

Mes sœurs, on m'a trouvée orgueilleuse et coquette,
Mais il faut oublier cette erreur d'un moment...
Pardonnez-moi, mes sœurs... je meurs... en vous aimant.

Elle meurt.

L'AUBÉPINE, montrant une couronne qu'elle tient à la main.

J'avais tressé pour elle une fraîche couronne.

LE PRINTEMPS, prenant la couronne et se tournant vers la Rose.

Bien que morte, un prestige éternel l'environne,
Et nous la proclamons, au milieu de nos pleurs,
La reine de la grâce et la reine des fleurs.

Il lui pose la couronne sur la tête.

# EN CHINE

PIÈCE EN UN ACTE, EN VERS

## PERSONNAGES

NELLY

MADEMOISELLE LAURE, sa gouvernante.

PAT-TCHOU-LI

KA-OUT-TCHOU

MU-SI-KA-LI

Chanteuses et Danseuses chinoises.

# EN CHINE

Un salon chinois. — A gauche, une porte. — Au fond, une porte donnant sur une galerie. — A droite, vers le fond, une table. — Des tentures à sujets chinois couvrent les murs du salon.

## SCÈNE PREMIÈRE

NELLY, MADEMOISELLE LAURE

MADEMOISELLE LAURE

Nous sommes à Pékin, ma chère demoiselle.

NELLY

Et j'en suis enchantée... Il faut tout votre zèle
Et vos soins assidus pour que j'arrive ainsi
Sans m'en apercevoir.

MADEMOISELLE LAURE

Vous le devez aussi

Et surtout au docteur Jean dont la découverte
Fait merveille.

NELLY

Il s'agit de cette liqueur verte
Extraite d'une plante et d'un goût très amer.

MADEMOISELLE LAURE

Justement ; vous aviez grand peur du mal de mer.

NELLY

J'en conviens, mais...

MADEMOISELLE LAURE

C'était une vague sourdine
A votre enthousiasme à venir voir la Chine.

NELLY

Oh ! j'aurais tout bravé, tout ! dangers inouïs,
Tempête et mal de mer pour voir ce beau pays.

MADEMOISELLE LAURE

Aussi, le docteur Jean, vous dis-je, a fait merveille ;
Vous n'avez rien senti, vous avez pris la veille
Du départ la liqueur bienheureuse, et depuis
J'ai vu passer les jours, j'ai vu passer les nuits,
Sans que le mal de mer jamais ne vous dérange ;
Vous mangiez, vous buviez en dormant.

NELLY

C'est étrange.

MADEMOISELLE LAURE

Je n'en disconviens pas, et pourtant c'est ainsi.

NELLY

Que m'importe après tout?... Nous voilà donc ici
A Pékin.

MADEMOISELLE LAURE

Oui, malgré, je dois aussi le dire,
L'ennui de vos parents.

NELLY

Voir le Céleste Empire!

MADEMOISELLE LAURE

Je le sais; vous l'avez si bien manifesté
Qu'on a dû se soumettre à votre volonté.
Mais puisque n us voilà, profitons-en... Du reste
J'ai vu trois mandarins de ce pays céleste;
L'un d'entr'eux, le plus riche, attache un bien grand prix
A s'occuper de nous : la lettre de Paris
Que son ambassadeur pour lui m'avait remise
L'a hautement flatté ; cette heureuse entremise
Nous vaudra les faveurs du Fils du Ciel ; jugez
Dans quel ravissement nos cœurs seront plongés.

NELLY

Allons, en attendant, faire une promenade.

MADEMOISELLE LAURE

Non, certes... j'oubliais déjà la sérénade;
Le puissant mandarin nous fait cet honneur-là ;
Les chœurs célestes vont venir...

Elle regarde par la galerie du fond.

Et les voilà.

Mu-si-ka-li et des jeunes Chinoises entrent ; Musi-ka-li tient dans la main un bâton de chef d'orchestre. — Les jeunes filles viennent saluer Nelly et mademoiselle Laure en s'inclinant et en portant les mains avec l'index debout à la hauteur de leurs têtes.

## SCÈNE II

NELLY, MADEMOISELLE LAURE,
MU-SI-KA-LI, JEUNES CHINOISES

MADEMOISELLE LAURE, à Nelly.

Il faut nous recueillir, car nous allons entendre
Quelque chose d'exquis, de vaporeux, de tendre.

Les jeunes Chinoises se rangent à droite ; Mu-si-ka-li se tient devant elles ; elle bat une mesure à deux temps dont le premier est frappé sur le bout de son nez et le second en l'air.

LES JEUNES CHINOISES, sur l'air : *Ah! vous dirai-je, maman!* avec lenteur et avec beaucoup de gravité.

C'est pour nous l'heureux moment
De vous faire compliment ;
Nous vous sommes inconnues,
Mais soyez les bienvenues,
Car Yan-tsin, le mandarin,
Vous le dit dans ce refrain.

MADEMOISELLE LAURE.

Nous remercions bien monsieur le mandarin.

A Nelly.

L'air est fort connu, mais j'aime, je vous l'assure,
Cette étrange façon de battre la mesure.

MU-SI-KA-LI

Écoutez maintenant un ensemble à succès ;
On l'appelle chez nous le classique français.

Mu-si-ka-li bat encore une mesure de la même manière, et le chœur chante les vers suivants sur le motif : *Au clair de la lune.*

LES JEUNES CHINOISES

Monte, ô blanche lune !
Dans le firmament;
Jette à la nuit brune
Ton éclat charmant;
Souris dans l'espace ;
Tu peux nous donner
La meilleure place
Pour nous promener.

Ka-out-tchou, fille d'honneur de l'Impératrice, entre avec une large feuille de palmier à la main ; à son entrée, Mu-si-ka-li et les jeunes Chinoises saluent. — Ka-out-tchou vient s'incliner devant mademoiselle Laure et Nelly qui se sont levées à son entrée ; elle se tourne ensuite vers les jeunes filles et elle leur indique la porte. Mu-si-ka-li et les jeunes Chinoises viennent passer devant mademoiselle Laure et Nelly en reprenant le dernier chœur et elles sortent en mesure.

## SCÈNE III

MADEMOISELLE LAURE, NELLY,
KA-OUT-TCHOU

KA-OUT-TCHOU, présentant la feuille de palmier à mademoiselle Laure.

Voici ce que Tching-Fo, notre gracieux maître
Et puissant Empereur, m'a dit de vous remettre.

MADEMOISELLE LAURE

Qu'est-ce donc ?

KA-OUT-TCHOU

Un écrit de sa divine main.

MADEMOISELLE LAURE

Les feuilles de palmier servent de parchemin
Ici ?

KA-OUT-TCHOU

Précisément.

MADEMOISELLE LAURE

C'est pour cela peut-être,
Que l'alphabet chinois renferme tant de lettre.

KA-OUT-TCHOU

Sans doute... mais lisez cet écrit, s'il vous plaît.

MADEMOISELLE LAURE

J'ignore le chinois, je l'ignore au complet.

KA-OUT-TCHOU

J'aime de votre esprit la couleur et le style.

MADEMOISELLE LAURE

Oh! Madame...

KA-OUT-TCHOU

Voyons, je veux vous être utile;
Je lirai, si cela peut vous faire plaisir,
Le message d'en haut.

MADEMOISELLE LAURE

C'est mon plus grand désir.

KA-OUT-TCHOU

Alors, recueillez-vous.

MADEMOISELLE LAURE

Recueillons-nous.

KA-OUT-TCHOU, lisant.

— Sa Grâce,

Le Fils du Ciel, issu d'une divine race,
L'Empereur que toujours le monde saluera,
Le maître de la Chine entière... et cœtera,
Institue à Nelly, la charmante Française,
L'honneur de figurer de droit parmi les seize...

NELLY

Les seize ?

KA-OUT-TCHOU

Assurément.

MADEMOISELLE LAURE

Oui, mais les seize quoi ?

KA-OUT-TCHOU

Recueillez-vous ; il faut contenir votre émoi.

MADEMOISELLE LAURE

Certes... mais je voudrais savoir...

KA-OUT-TCHOU, continuant à lire.

Les seize filles
Que l'illustre Yan-tsin choisit dans les familles
Les plus hautes, pour faire un cortège éclatant
A la Fille du Ciel. —

MADEMOISELLE LAURE, avec joie.

Quel honneur !

KA-OUT-TCHOU, après avoir mis la feuille de palmier sur une chaise.

Un instant;
Il me faut ajouter...

MADEMOISELLE LAURE

Vous ajoutez encore?
Oh! non, oh! non, c'est trop...

NELLY

Mademoiselle Laure,
Patientons un peu.

KA-OUT-TCHOU, à Nelly.

Vous devez chaque jour
Observer strictement les règles de la Cour.

NELLY

C'est très juste.

KA-OUT-TCHOU

Tching-Fo veut que l'on se soumette
Au respect absolu d'une austère étiquette.

NELLY

Mais nous sommes encore étrangères...

KA-OUT-TCHOU

Aussi

La jeune Pat-tchou-li viendra bientôt ici,
Elle vous apprendra nos us et nos coutumes.

MADEMOISELLE LAURE

Oh ! merci.

KA-OUT-TCHOU

Vous allez échanger vos costumes
Contre ceux du pays, des vêtements chinois
D'un très bon goût.

MADEMOISELLE LAURE

Surtout s'ils sont de votre choix.

Ka-out-tchou frappe dans ses mains ; deux jeunes Chinoises entrent avec des vêtements sur les bras.

KA-OUT-TCHOU, avec un geste de commandement et en accentuant chaque syllabe.

*Man, chon! — Ka, fé, o, lé! — Po, ta, ho! — Kas, ka, mèche!*

LES DEUX CHINOISES, en s'inclinant.

*Tsin, tsin.*

MADEMOISELLE LAURE

Que c'est joli! quelle expression... fraîche!
*Po, ta, ho!*

KA-OUT-TCHOU

C'est pour dire avec autorité
De porter ces objets dans la chambre à côté.

MADEMOISELLE LAURE

Et *Tsin, tsin*, la réponse à deux mots seuls réduite,
Certainement veut dire : allons-y tout de suite.

KA-OUT-TCHOU

Vous connaîtrez bientôt le chinois, c'est certain.

MADEMOISELLE LAURE

Il suffit pour cela de se lever matin.

Les deux jeunes Chinoises sont entrées dans le cabinet, à gauche; elles en ressortent, saluent avec l'index levé à la hauteur de la tête et s'en vont par la galerie.

MADEMOISELLE LAURE, à Nelly.

Hâtons-nous donc; venez, ma chère demoiselle,
Sous ces riches habits la grandeur nous appelle.

Mademoiselle Laure et Nelly entrent dans le cabinet.

## SCÈNE IV

KA-OUT-TCHOU, puis PAT-TCHOU-LI

KA-OUT-TCHOU, désignant le cabinet.

Tout ce qu'on dit ici s'entend fort bien de là ;
Il faut de la prudence, et beaucoup.

*Apercevant Pat-tchou-li qui entre.*

Vous voilà,

Pat-tchou-li ?

PAT-TCHOU-LI

Me voilà.

KA-OUT-TCHOU, *regardant Pat-tchou-li.*

Qu'avez-vous donc, ma chère?

Vos traits sont contractés, vous semblez en colère.

PAT-TCHOU-LI

On serait en colère à moins, en vérité.

KA-OUT-TCHOU

Parlez plus bas, on peut nous entendre à côté,

Car ces dames y font leur toilette.

PAT-TCHOU-LI

Qu'importe

Que l'on entende ou non à travers cette porte ?

Jugez de mon courroux : J'aspirais à l'honneur

D'être parmi les seize, et mon plus cher bonheur

Était ce rêve... eh bien ! la sotte fantaisie

Du grand lettré Yan-tsin fait que l'on m'a choisie

Pour donner des conseils et même des leçons

A celle qui prendra ma place sans façons.

C'est impertinemment vouloir me chercher noise;

Elle est française, soit, eh bien ! je suis chinoise;
Nous verrons si de moi l'on fait un mannequin,
Et qui l'emportera Paris ou bien Pékin.
La Chine aux yeux du monde a mis une auréole,
Nous avons découvert...

S'interrompant.

Quoi donc ?

KA-OUT-TCHOU.

Mais... la boussole.

PAT-TCHOU-LI

La boussole. Oui; croit-on que ces Françaises-là
Dans leur fameux Paris auraient trouvé cela ?
La boussole ! je crois une chose entendue
Que nous l'avons trouvée et qu'elles l'ont perdue.

KA-OUT-TCHOU

Pourtant la plus âgée a de l'esprit.

PAT-TCHOU-LI

Croit-on
Que l'on soit sans esprit à Nankin, à Canton ?
Croit-on que les Chinois, que trop souvent on raille,
Aient l'esprit traversé par la grande muraille ?
Non; ce serait porter le plus faux jugement;
Les magots ne sont pas en Chine seulement,
Je le démontrerai tout à l'heure à ces dames.

Donc, j'ai dans ma pensée ourdi certaines trames
Qui, je l'espère bien, prouveront de nouveau
Que nous avons encor quelque chose au cerveau.

KA-OUT-TCHOU

Puisse l'esprit... céleste au succès vous conduire,

Regardant vers la gauche.

Voilà ces dames...

PAT-TCHOU-LI

Ah!

Nelly et mademoiselle Laure, vêtues en Chinoises, entrent.

KA-OUT-TCHOU

Je vais vous introduire.

## SCÈNE V

KA-OUT-TCHOU, PAT-TCHOU-LI, NELLY, MADEMOISELLE LAURE

KA-OUT-TCHOU, présentant Pat-tchou-li.

Pat-tchou-li, ma meilleure amie...

MADEMOISELLE LAURE

Et j'ai l'espoir
Qu'elle sera la nôtre aussi...

PAT-TCHOU-LI, à part.

Nous allons voir.

A mademoiselle Laure.

Je ne mérite pas autant de politesse.

KA-OUT-TCHOU

Il faut que je retourne auprès de Sa Hautesse.

A Nelly, en gagnant vers la porte.

Etudiez donc bien, mettez-vous au courant,
Et bientôt vous serez...

NELLY, riant.

Au seizième rang.

KA-OUT-TCHOU.

Assurément.

Elle salue et sort.

## SCÈNE VI

### PAT-TCHOU-LI,
### NELLY, MADEMOISELLE LAURE

PAT-TCHOU-LI

Yan-tsin, le mandarin illustre,
Veut qu'à tous vos attraits s'ajoute un nouveau lustre.

3.

MADEMOISELLE LAURE

Je vous rends grâce autant qu'à lui, car vous venez
Nous instruire...

PAT-TCHOU-LI, à part.

Elle veut me prendre par le nez.

A mademoiselle Laure et à Nelly.

Me voici tout à vous et m'en voyez charmée.

MADEMOISELLE LAURE

Gentille Pat-tchou-li, qu'on vous a bien nommée !
On dirait votre voix un parfum qu'on entend.

NELLY

Vous pouvez donc ouvrir la séance.

PAT-TCHOU-LI

A l'instant.

Après un silence.

En Chine, il faut le dire, il est d'un vieil usage
Que le pied joue un rôle autant que le visage,
Autant que le visage il attire les yeux;
Il faut qu'il soit cambré, petit et gracieux,
Il faut qu'un dessin pur indique la cheville;
Les pieds de Salamanque et les pieds de Séville
Ressembleraient chez nous à des pieds de Romain,
Car le plus grand soulier doit tenir dans la main.

MADEMOISELLE LAURE

La chose me paraît tant soit peu difficile.

PAT-TCHOU-LI

Oh ! non, pas trop ; le pied, voyez-vous, est docile
A la forme ; il suffit de le mettre au milieu
D'un petit appareil en bois, on serre un peu,
Et...

MADEMOISELLE LAURE

J'y suis...

PAT-TCHOU-LI

Mais avant qu'ainsi l'on s'intéresse,
On a la liberté complète...

MADEMOISELLE LAURE, faisant le geste de serrer un écrou.

De la presse.
Ce petit appareil, en usage à Pékin,
Est un ancien supplice appelé : Brodequin.

PAT-TCHOU-LI

Oh ! Madame...

NELLY, à mademoiselle Laure.

Il faut voir.

MADEMOISELLE LAURE

Pour moi, je me défie
D'un système pareil.

PAT-TCHOU-LI, légèrement.

La chair se tuméfie,
On le conçoit ; le pied se gonfle quelque peu,
Il devient d'abord rouge, ensuite il devient bleu,
Puis, jaune ; il faut du temps pour guérir, cela traine,
Et même quelquefois il s'y met la gangrène ;
Mais on peut se vanter d'avoir un pied charmant.

MADEMOISELLE LAURE

Peste ! vous en parlez un peu légèrement.

NELLY, avec un peu d'hésitation.

Nous verrons.

PAT-TCHOU-LI, à part.

Elle semble un peu moins à son aise.

A Nelly.

Mais aussi quel honneur d'être parmi les Seize !

NELLY

Sans doute... Maintenant, si vous le voulez bien,
Donnez-moi ma leçon de tenue.

PAT-TCHOU-LI

Il n'est rien
De plus facile : Avec une entière assurance
Faites tout au rebours de ce qu'on fait en France;
Là-bas, on rit souvent ; ici l'on ne rit pas;

On s'agite chez vous, nous marchons au compas
Avec une lenteur que jamais on n'évite.

MADEMOISELLE LAURE, avec un nouveau geste de pression.

Vous avez des raisons pour ne pas marcher vite.

PAT-TCHOU-LI, continuant.

A table, si polis et si nombreux qu'on soit,
On laisse les voisins pour s'occuper de soi;
On n'y porte jamais de gants ou de manchettes,
On n'a pas de cuillers, on n'a pas de fourchettes...

MADEMOISELLE LAURE

Mais alors, quand on veut manger, comment fait-on?

PAT-TCHOU-LI

On se sert à propos d'un tout petit bâton
Dont vous comprendrez mieux l'usage tout à l'heure.
Il faut savoir aussi que dans chaque demeure,
Dans la plus humble chambre ou les plus beaux salons,
Au lieu d'entrer de face on entre à reculons.

MADEMOISELLE LAURE

C'est fort drôle, vraiment.

PAT-TCHOU-LI

C'est fort drôle, peut-être,
Mais c'est réel.

MADEMOISELLE LAURE

Comment peut-on se reconnaître ?
Car enfin, convenons qu'il faut, en vérité,
Une certaine peine à voir de ce côté.

PAT-TCHOU-LI

C'est une question d'habitude...

A Nelly.

Ah ! j'y pense,
Vous devez prendre encor votre leçon de danse.

NELLY

C'est bien.

PAT-TCHOU-LI

En attendant l'heure de la donner...

MADEMOISELLE LAURE

Je voudrais bien qu'on vînt servir à déjeuner.

PAT-TCHOU-LI

Je vais vous envoyer les maîtresses de table.
A bientôt.

MADEMOISELLE LAURE

A bientôt.

Pat-tchou-li sort.

## SCÈNE VII

MADEMOISELLE LAURE, NELLY

MADEMOISELLE LAURE

Quel pays délectable !
A coup sûr nous devons y passer de beaux jours.

NELLY

Mais très fâcheusement tout s'y fait au rebours.

MADEMOISELLE LAURE

Cela vaut mieux; au lieu d'une Chine banale
Nous avons une Chine étrange, originale,
Avec ses petits pieds, avec ses cheveux longs;
Quand on se rend visite on entre à reculons,
Un certain... appareil procède à la chaussure,
On se frappe le nez pour battre la mesure.
Que voulez-vous de plus ? si ce n'était ainsi
A quoi vous servirait d'être venue ici ?

NELLY

Oui, vous avez raison, ma chère.

MADEMOISELLE LAURE

A la bonne heure.

A part.

La raison la moins juste est souvent la meilleure.

A Nelly.

Mais... j'ai grand appétit... va-t-on nous condamner
A mourir de faim ?

Deux Chinoises se présentent; une d'elles porte une nappe blanche ; elles viennent saluer mademoiselle Laure et Nelly.

MADEMOISELLE LAURE

Non, voici le déjeuner.

## SCÈNE VIII

### MADEMOISELLE LAURE, NELLY, LES DEUX CHINOISES

MADEMOISELLE LAURE

J'ai pourtant du souci... Dans ce pays étrange
Je n'ai pas bien compris encor comment on mange.

Les deux Chinoises portent la table sur le devant de la scène, à droite ; puis, elles déplient la nappe qui est très grande.

MADEMOISELLE LAURE, remarquant la grandeur de la nappe.

Ah ! ça, dans quelle erreur nous laisse Pat-tchou-li ?
On ne met pas la table, on va faire le lit.

UNE CHINOISE, après que la nappe est mise sur la table.

*Mer, lan! Kou-li-ho-chou! Can, ta, lou! Ka-bri-holes!*

MADEMOISELLE LAURE, à Nelly.

Je crois avoir saisi le sens de ces paroles,
C'est le menu.

Aux Chinoises.

*Tsin, Tsin!*

Les Chinoises s'inclinent et sortent.

MADEMOISELLE LAURE

C'est pour dire qu'enfin
On nous serve et bientôt, car nous mourons de faim.

Mademoiselle Laure et Nelly se mettent à table ; les Chinoises rentrent. L'une d'elles porte deux assiettes de riz sur lequel se trouvent deux petits bâtons minces et courts, elle met ces assiettes devant mademoiselle Laure et Nelly ; l'autre Chinoise porte deux plats qu'elle met également sur la table ; elles portent ensuite un pot à eau avec deux tasses ; puis elles sortent.

NELLY

Ah ! quelle affreuse odeur !

MADEMOISELLE LAURE

En effet.

Elle s'incline sur l'un des plats.

Une tranche
De melon cantaloup dans une sauce blanche

D'où s'exhale un parfum de vinaigre et d'oignons,
Puis du fromage en pâte avec des champignons
Sur lesquels on a mis, je crois, du sucre d'orge.

NELLY, *regardant.*

Cela ne prend pas l'œil.

MADEMOISELLE LAURE

Mais cela prend la gorge.

NELLY

Je ne toucherai pas à ce mets-là, bien sûr.

MADEMOISELLE LAURE, *en découvrant le second plat.*

Qu'est ceci?... par exemple! un œuf d'autruche...

*Elle prend un des petits bâtons qu'elle appuie sur l'œuf.*

Et dur
Comme un cerveau chinois, comme une pierre sèche;
Il faudrait du canon pour pratiquer la brèche...
Pourtant mon estomac pousse déjà des cris.

NELLY

Je vois bien qu'il nous faut rabattre sur le riz.

MADEMOISELLE LAURE

J'ai soif aussi.

*Elle se verse à boire.*

De l'eau! c'est à ne pas y croire!
J'aime bien l'eau, pourtant je mets, quand je veux boire,

Et sans être un adepte absolu du tonneau,
Non de l'eau dans mon vin, mais du vin dans mon eau.

NELLY

C'est un manque de soins.

MADEMOISELLE LAURE

Il faut qu'on le tolère...
Allons, mangeons du riz et buvons de l'eau claire.

NELLY

Manger du riz ? c'est moins facile que cela ;
Comment faut-il s'y prendre avec ces bâtons-là ?

MADEMOISELLE LAURE

J'ai lu dans un ouvrage à propos de la Chine,
Qu'on fait sauter le riz dans la bouche...

NELLY

Voisine ?

MADEMOISELLE LAURE

Non, dans sa propre bouche... essayons... sans orgueil
Je suis adroite...

*Elle fait sauter le riz avec les deux petits bâtons.*

Bon ! cela me vient dans l'œil.

*Elle pose les petits bâtons et elle se lève.*

Que faire ?... il ne faut pas cependant qu'on nous voue
A la faim sans espoir.

NELLY

Pour mon compte j'avoue
Que je suis déjà prête à manger dans la main.

MADEMOISELLE LAURE, apercevant la feuille de palmier laissée sur la chaise.

Eh! mais... nous avons là le sacré parchemin;
En le coupant en deux nous ferons, je le pense,
Une cuiller.

NELLY

Fort bien.

MADEMOISELLE LAURE

Et cela nous dispense
De manger dans la main.

Elle va prendre la feuille de palmier.

Aussitôt dit que fait.

Elle coupe la feuille en deux et elle donne une moitié à Nelly.

Pour vous.

Elle arrondit la demi-feuille en coquille.

Pour moi ; ce n'est pas trop mal.

NELLY

C'est parfait.

MADEMOISELLE LAURE

Eh bien! sans plus tarder remettons-nous à table.

Elles se remettent à table et elles mangent du riz en se servant de la feuille de palmier.

NELLY

En vérité, ce riz me semble présentable.

Pat-tchou-li paraît au fond, elle fait, vers la galerie, un signe pour dire d'attendre ; elle entre ensuite et elle vient auprès de Nelly et de mademoiselle Laure.

## SCÈNE IX

MADEMOISELLE LAURE, NELLY,
PAT-TCHOU-LI

PAT-TCHOU-LI

Abomination et désolation !
Action que l'on voue à l'exécration !
Horreur ! terreur ! fureur !

MADEMOISELLE LAURE

Qu'avez-vous ?

PAT-TCHOU-LI

Ainsi mettre
Dans le riz, et sans honte, une pareille lettre,
La lettre de Tching-Fo, l'Empereur rayonnant !

MADEMOISELLE LAURE

Nous la recollerons.

PAT-TCHOU-LI, à part.

Je les tiens maintenant.

MADEMOISELLE LAURE

Je ne sais pas pourquoi, mais je suis mal à l'aise.

PAT-TCHOU-LI, se rapprochant de Nelly.

Voulez-vous, malgré tout, figurer dans les Seize?

NELLY

Malgré tout, dites-vous, malgré qui ? malgré quoi ?

PAT-TCHOU-LI

Eh bien ! je vous le dis franchement.

Avec fermeté.

Malgré moi.

NELLY

En vérité?

PAT-TCHOU-LI

Sachez que j'aspire moi-même
A ce titre de gloire, à cet honneur suprême ;
Il m'est donc bien permis de vous interroger.

MADEMOISELLE LAURE, à part.

Où donc l'ambition va-t-elle se loger ?

NELLY

Si je vous disais : oui, sans raison et sans rime ?

PAT-TCHOU-LI

Alors j'irais tout droit dénoncer votre crime.

MADEMOISELLE LAURE

Notre crime ! avons-nous mérité l'échafaud ?

PAT-TCHOU-LI

Vous avez déchiré la lettre de Tching-Fo,
Et de la page sainte, au langage qui touche,

*Dramatiquement.*

Vous avez osé faire une cuiller à bouche !

MADEMOISELLE LAURE

Eh bien ?

PAT-TCHOU-LI

Eh bien ! ce crime accompli sans remord,
Ce crime affreux sera puni...

MADEMOISELLE LAURE

Puni ?

PAT-TCHOU-LI

De mort !

MADEMOISELLE LAURE, *à part, à Nelly.*

Faut-il s'évanouir ?

NELLY, *se rapprochant avec crainte de mademoiselle Laure.*

Non, non, ma chère Laure.

PAT-TCHOU-LI

Et puis...

MADEMOISELLE LAURE

Comment : Et puis ? que peut-on faire encore
Après cela ?

PAT-TCHOU-LI, légèrement.

Fort peu, vraiment ; sur un poteau
On expose la tête avec un écriteau.

MADEMOISELLE LAURE

Quel tableau rassurant !

PAT-TCHOU-LI

Remarquez, je vous prie,
Que tout cela n'est pas une plaisanterie ;
Les droits du Fils du Ciel jusqu'au bout sont poussés.

MADEMOISELLE LAURE

Nous allons réfléchir.

PAT-TCHOU-LI

Certes, réfléchissez.

Elle sort.

## SCÈNE X

### MADEMOISELLE LAURE, NELLY

MADEMOISELLE LAURE

Eh bien ! qu'en pensez-vous ?

NELLY

Faut-il que je vous dise
Ce que je pense avec une entière franchise ?

MADEMOISELLE LAURE

Sans doute.

NELLY

Je vois fuir mes rêves d'autrefois
Et j'aime déjà moins la Chine et les Chinois.

MADEMOISELLE LAURE

Quoi ! vous parlez ainsi dans le Céleste-Empire,
Dans ce pays rêvé ?

NELLY

Je ne sais rien de pire
Qu'un pays où l'orgueil parle sur tous les tons ;
On y commande au geste, on y mange aux bâtons,

On y traite les gens un peu comme les bêtes,
On écrase les pieds, on expose les têtes...

MADEMOISELLE LAURE

C'est vrai, cela ; pourtant nous y sommes.

NELLY

Comment
Ne pas toucher bien vite au désenchantement ?

MADEMOISELLE LAURE

Vous semblez regretter notre terre française.

NELLY

Eh bien !... oui.

MADEMOISELLE LAURE

Mais alors que résoudre ?... et les Seize ?

NELLY

C'est juste.

MADEMOISELLE LAURE

Ce Yan-tsin nous met dans l'embarras ;
Acceptant, nous avons Pat-tchou-li sur les bras.
Refusant, c'est Tching-Fo, le Fils du Ciel lui-même
Qui nous fera sentir sa colère suprême.

NELLY

Que faire ?

MADEMOISELLE LAURE

Il n'est qu'un seul moyen de s'en sortir.

NELLY

Quel qu'il soit, je l'accepte.

MADEMOISELLE LAURE

Il nous faut repartir.

NELLY

J'ai hâte d'être loin de ce pays sauvage.

*Après un silence.*

Reste le mal de mer.

MADEMOISELLE LAURE, *sortant une fiole de sa poche.*

Mais j'ai là le breuvage
De ce bon docteur Jean, et vous savez très bien
Que par les plus gros temps vous ne sentirez rien.

NELLY, *en se dirigeant vers le cabinet, à gauche, et avec résolution.*

Venez, endormez-moi.

*Elles vont entrer dans le cabinet, lorsque Ka-out-tchou se présente*

KA-OUT-TCHOU

Notre étoile divine,
La céleste clarté qui sourit sur la Chine,
La Fille du Ciel même en son palais attend
La charmante Française.

*Nelly fait un geste de découragement.*

MADEMOISELLE LAURE, à part, à Nelly.

Attendez un instant ;
Nous sortir de cela ne pèse pas une once.

A Ka-out-tchou, avec une solennité affectée.

Nous estimons bien haut votre flatteuse annonce ;
Attendez-nous ici pour l'heureux dénoûment.

Se tournant vers Nelly.

Venez.

Elle salue gravement Ka-out-tchou et elle entre avec Nelly dans le cabinet.

## SCÈNE XI

KA-OUT-TCHOU

Cela s'embrouille et je ne sais comment
Nous allons terminer cette étrange entreprise;
Nous sommes, comme on dit, au sommet de la crise ;
On n'en peut pas encor prévoir le résultat,
Et cela devient, certe, une affaire d'Etat.
Nous avons cru d'abord la chose très facile ;
Le plan conçu suivait une pente docile ;
On peut improviser des chants et des ballets,
Mais on ne bâtit pas aussi vite un palais.

Où réunir Tching-Fo, sa compagne céleste,
Les mandarins lettrés, Yan-tsin et tout le reste ?
C'est fort embarrassant et je ne prévois pas
Comment nous allons tous nous tirer de ce pas.

Mademoiselle Laure sort rapidement du cabinet, elle a repris ses vêtements à la française.

## SCÈNE XII

### KA-OUT-TCHOU, MADEMOISELLE LAURE

MADEMOISELLE LAURE, vivement.

Dieu merci ! nous touchons au bout des aventures.

Appelant.

Marie ! Ursule ! Jeanne !

A son appel, trois domestiques, habillées à la française, entrent dans le salon.

MADEMOISELLE LAURE, aux domestiques en désignant les sujets chinois posés sur les murs.

Enlevez ces tentures.

Les domestiques enlèvent rapidement les tentures; elles portent des chaises, des fauteuils et un guéridon qu'elles placent à gauche et sur lequel se trouve le journal : *La Mode*; elles sortent ensuite.

4.

MADEMOISELLE LAURE

Je m'attendais fort bien à ce dénoûment-là ;
Les Chinois l'ont bientôt désenchantée, elle a
Voulu revoir la France, aussi j'ai dû lui faire
Prendre sans plus tarder l'anodin somnifère
Dont l'effet passager ne dure qu'un moment.

KA-OUT-CHOU

Je m'en vais donc aussi changer de vêtement,
Car elle va venir.

MADEMOISELLE LAURE

Sans doute.

KA-OUT-CHOU

A tout à l'heure.

*Elle sort.*

## SCÈNE XIII

MADEMOISELLE LAURE

Ah ! le joli voyage ! et combien la demeure
Retrouvée à la fin va lui paraître encor
Pleine de souvenirs aussi chers qu'un trésor !

*Elle s'assied dans un fauteuil.*

Prenons dans ce fauteuil une pose commode.

Elle regarde à gauche.

La voilà...

Elie prend le journal sur le guéridon.

Plongeons-nous dans le journal de mode.

Nelly entre.

## SCÈNE XIV

MADEMOISELLE LAURE, NELLY

NELLY

Nous voilà de retour chez nous.

MADEMOISELLE LAURE

Oui, Dieu merci.

NELLY, regardant autour d'elle.

Avec un vrai bonheur je me retrouve ici :
Et pourtant, il me semble... à coup sûr c'est un leurre,
Que nous étions encore en Chine tout à l'heure.

MADEMOISELLE LAURE

Vous croyez ?

NELLY

Il me semble aussi que je revois

Levant ses deux index à la hauteur de la tête.

La danse des magots et que j'entends leurs voix.

MADEMOISELLE LAURE

C'est, sans doute, l'effet du breuvage.

NELLY

Peut-être.

MADEMOISELLE LAURE.

Combien le cœur se sent charmé de reconnaître
Tout ce qu'on a laissé... Vous avez éprouvé
Ce bonheur, n'est-ce pas?

NELLY, vaguement.

J'ai peut-être rêvé.

A ce moment, un chœur de jeunes filles se fait entendre au dehors ; Nelly et mademoiselle Laure se lèvent.

LES JEUNES FILLES

Monte, ô blanche lune !
Dans le firmament ;
Jette à la nuit brune
Ton éclat charmant.

NELLY

Que m'apporte ce chant ?... l'émotion me glace...

Des jeunes filles, vêtues à la française, entrent en cadence et en chantant ; Mu-si-ka-li bat la mesure de la même façon ; Ka-out-tchou et Pat-tchou-li, également vêtues à la française, sont avec elles.

## SCÈNE XV

MADEMOISELLE LAURE,
NELLY, KA-OUT-TCHOU, PAT-TCHOU-LI,
MU-SI-KA-LI, JEUNES FILLES.

LES JEUNES FILLES

Souris dans l'espace ;
Tu peux nous donner
La meilleure place
Pour nous promener.

MADEMOISELLE LAURE, à Nelly.

Que votre émotion comme une ombre s'efface.

Elle va prendre Ka-out-tchou et Pat-tchou-li qu'elle présente à Nelly.

Je vous présente encor, ma bien chère Nelly,
Hortense ou Ka-out-tchou... Mathilde ou Pat-tchou-li.

NELLY

Me voilà maintenant tout à fait rassurée.

Après un silence.

Mais la Chine ?

MADEMOISELLE LAURE.

Voici ; nous vous l'avons montrée
Dans l'aile du château que l'on n'habite pas ;
Nous avons fait ainsi la route en quelques pas,
Puis, avec les enfants de l'école voisine
Nous avons complété le tableau de la Chine.

NELLY, tendant les mains à Ka-out-tchou et à Pat-tchou-li.

Je vous en sais bon gré, car l'on a bien raison
De ne jamais quitter le seuil de sa maison.

# L'HÉRITAGE DE JEANNE

PIÈCE EN UN ACTE, EN VERS

## PERSONNAGES

MADAME DEBERRE, maîtresse de pension.

MADAME DE FORMONT

MADAME LUCIENNE

JEANNE

BERTHE

OCTAVIE

UNE SERVANTE

JEUNES FILLES

# L'HÉRITAGE DE JEANNE

Le jardin du pensionnat. — Vers le fond, à droite et à gauche, un massif d'arbres.

Des jeunes filles font un rondeau; Berthe est debout, au milieu. Quand on arrive au point où l'on doit embrasser *celle qu'on aime le mieux*, Berthe se dirige vers une jeune fille qu'elle embrasse; mais lorsqu'elle va reprendre sa place dans le rondeau, elle aperçoit Jeanne qui vient dans le jardin en longeant le massif de gauche; Berthe vient avec empressement auprès d'elle.

## SCÈNE PREMIÈRE

BERTHE, JEANNE, OCTAVIE, JEUNES FILLES

UNE JEUNE FILLE

Allons, Berthe, reviens.

UNE AUTRE JEUNE FILLE

Toi, Jeanne, viens aussi.

UNE TROISIÈME JEUNE FILLE

Venez toutes les deux, venez donc.

JEANNE

Non, merci;

Jouez sans moi.

OCTAVIE

C'est bien, madame Jérémie.

BERTHE

Jouez sans nous.

Octavie rejoint les autres jeunes filles, toutes se dirigent en faisant le rondeau, vers le fond du jardin et sortent par la droite.

## SCÈNE II

BERTHE, JEANNE

JEANNE

Pourquoi te priver, chère amie,
D'une distraction perdue auprès de moi?

BERTHE

C'est parce que je suis mieux encore avec toi;
J'obéis à la même et chère sympathie
Que pour toutes les deux nous avons ressentie,

Et ce que tu me dis a pour moi la douceur
Qu'on trouve constamment dans la voix d'une sœur.

JEANNE

Te voilà toujours bonne et toujours généreuse.

BERTHE

Puis, vois-tu, je comprends que tu n'es pas heureuse;
Je l'ai conçu d'instinct dès mon entrée ici,
Quand on a quatorze ans, on n'est pas triste ainsi.
Jeanne, je ne veux pas te paraître indiscrète,
Mais si ce qui t'afflige ou ta douleur secrète
Pouvait s'atténuer devant mon amitié,
Avec bonheur, crois-moi, j'en prendrais la moitié.

JEANNE

Merci, ce qui m'afflige est loin d'être un mystère
Et je n'ai jamais eu de raison pour le taire :
Il est très vrai, je souffre et mon cœur est jaloux,
Chère Berthe, en songeant que chacune de vous
Voit sa mère venir l'entourer de tendresses
Et lui porter son cœur tout rempli de caresses;
C'est très mal, n'est-ce pas? mais je souffre devant
Ces doux baisers reçus et donnés si souvent;
Être sans mère alors que chacune a la sienne,
C'est cruel. Je sais bien que madame Lucienne
M'aime de tout son cœur; quand elle est près ed moi

Souvent elle ne peut contenir son émoi,
Je suis son rêve d'or et sa douce chimère,
C'est mon plus cher appui, mais ce n'est pas ma mère.

BERTHE

Je comprends tes regrets, douloureux à l'excès,
Tu n'as donc rien appris depuis longtemps?

JEANNE

Je sais
Que ma mère dans l'Inde avait suivi mon père,
Qu'on m'avait confiée à madame Deberre
Quand j'étais toute enfant. Voilà deux ans j'appris
Que mon père était mort dans ce lointain pays,
Mais je n'ai plus rien su depuis. J'en suis certaine,
Ma mère est morte aussi sur la terre lointaine,
Puisque depuis deux ans elle ne revient pas.

BERTHE

Un motif grave doit la retenir là-bas,
Mais mon cœur me le dit et j'en suis assurée,
Tu dois revoir bientôt cette mère adorée.

JEANNE

Puisses-tu dire vrai, chère Berthe; le jour
Où ma mère sera rendue à mon amour
Doit être assurément le plus beau de ma vie.

Apercevant Octavie qui vient par la droite.

Je vois venir vers nous l'orgueilleuse Octavie,
Je sais qu'elle me hait, je ne veux pas la voir.
Adieu, Berthe, et merci.

Elle va vers la gauche.

BERTHE

Je vais la recevoir.

Jeanne sort.

## SCÈNE III

BERTHE, OCTAVIE

OCTAVIE

Quoi ! j'effarouche Jeanne ?

BERTHE

Il paraît.

OCTAVIE

La pimbêche !

BERTHE

Pimbêche ! en vérité, l'expression est sèche.

OCTAVIE

Elle est juste, surtout.

BERTHE

Pas autant que cela.

OCTAVIE

Je puis te le prouver.

BERTHE

Non, laissons ce point-là,
Tu sais que j'aime Jeanne.

OCTAVIE

Oh! je te sais l'amie
De ce saule pleureur, de cette Jérémie
Qui prend toujours des airs de désolations
Et qui passe sa vie en lamentations.

BERTHE

Devant quelqu'un dont l'âme est toute endolorie,
Faire du persiflage ou de la moquerie
N'a pas un grand mérite et n'est pas d'un bon cœur.

OCTAVIE

Je te comprends; il faut chanter dans un grand chœur
La tristesse de Jeanne et dire ses louanges,
Et nous serons alors bonnes comme des anges.

BERTHE

Ma chère, continue à railler méchamment,
Tu me prouves qu'il est un autre sentiment

Qui te domine et dont ta pensée est saisie.

OCTAVIE

Un autre sentiment ! lequel ?

BERTHE

La jalousie !
D'abord, et l'on en voit la preuve à chaque pas,
Tout le monde aime Jeanne et l'on ne t'aime pas.

OCTAVIE

Cela m'est bien égal.

BERTHE

Peut-être es-tu flattée
De te savoir aussi franchement détestée?

OCTAVIE

Peut-être...

BERTHE

Fais donc trêve à ce ton de mépris...
Puis, Jeanne dans ta classe a tous les premiers prix,
En toute occasion tu restes derrière elle,
Et c'est pourquoi toujours tu lui cherches querelle,
C'est pourquoi tu la hais sans pitié, c'est pourquoi
Je te dis aujourd'hui : Jeanne vaut mieux que toi.

OCTAVIE

Que l'on me moralise ou que l'on me provoque,

De tout ce qu'on me dit, vois-tu bien, je me moque,
Et quand je verrai Jeanne et ses airs consternés,
Si cela me convient, j'irai lui rire au nez;
Tu peux, quant à cela, compter sur tout mon zèle.

Madame Deberre entre; elle a entendu les dernières phrases dites par Octavie.

## SCÈNE IV

RERTHE, OCTAVIE, MADAME DEBERRE

MADAME DEBERRE, à Octavie.

Vous êtes une sotte!... Entrez, Mademoiselle,
Il vous sied mal de prendre ainsi votre air moqueur;
Vous avez trop d'esprit et pas assez de cœur.

Octavie remonte par la droite, elle passe devant madame Deberre qui, d'un geste, lui montre le fond de la scène et elle sort.

BERTHE

Je m'en vais retrouver Jeanne.

Elle sort par la gauche.

## SCÈNE V

MADAME DEBERRE, tenant en main une feuille de papier timbré qu'elle déplie.

En vain j'étudie
L'étrange testament dont j'ai reçu copie;
Je le relis depuis longtemps, en vérité,
Sans pouvoir m'expliquer pareille étrangeté.

Elle lit :

« — Malgré la peine cruelle que j'en éprouvai, ma sœur
» Lucienne, ayant épousé mon plus ardent ennemi, mon-
» sieur de Vaufrège qui vient de mourir à Pondichéry,
» je fais le présent testament dans la plénitude de mes
» facultés. Je lègue à ma nièce Jeanne de Vaufrège, deux
» millions qu'elle touchera à sa majorité, à la condition
» expresse que jusqu'à cette majorité, madame de Vau-
» frège, ma sœur, pourra voir Jeanne, mais elle ne doit
» jamais lui dire qu'elle est sa mère, sous peine d'annu-
» lation du présent testament. En cas d'annulation, les
» deux millions sont légués à mon cousin d'Orchamps. »

Elle replie et renferme la feuille de papier.

Pauvre femme! on comprend cette douleur immense,
Ce supplice sans nom qui toujours recommence :

Venir depuis deux ans auprès de son enfant,
Et contenir toujours dans son cœur triomphant
Et sur sa bouche ouverte aux longs cris de tendresse,
Ce que la bouche avec le cœur ont de caresse,
C'est affreux! c'est mourir à toute heure! et pourtant
Sans hésiter jamais, sans faiblir un instant,
La martyre se plie au sort qui la condamne
En songeant qu'elle fait la fortune de Jeanne.

Apercevant madame Lucienne qui entre.

Voici la pauvre femme.

## SCÈNE VI

MADAME DEBERRE, MADAME LUCIENNE

MADAME LUCIENNE, venant avec empressement auprès de madame Deberre, et lui prenant les deux mains.

Et Jeanne?

MADAME DEBERRE

Elle est très bien.

MADAME LUCIENNE

Oh! je sais qu'avec vous il ne lui manque rien
Et que de tous les soins elle est environnée.

MADAME DEBERRE

Je m'attache du cœur à votre destinée,
Tout ce qui vient de vous m'intéresse.

MADAME LUCIENNE

Merci,
Votre chère amitié m'est précieuse.

MADAME DEBERRE

Aussi
Je vous annonce, afin que vous en soyez fière,
Qu'au dernier concours Jeanne est encore première;
De ce nouveau succès personne n'est surpris
Puisque à tous les concours elle a le premier prix.
Je vais vous l'envoyer.

MADAME LUCIENNE

Merci.

*Madame Deberre sort.*

## SCÈNE VII

### MADAME LUCIENNE

Chère adorée!
Pourrai-je encor longtemps vivre ainsi séparée?

Pourrai-je soutenir, hélas ! encor longtemps
Cette lutte sans nom qui doit durer sept ans ?
Ah ! j'ai déjà souffert plus qu'on ne pourrait dire,
Déjà plus d'une fois j'étais prête à maudire
Le cruel testament, mais la voix du devoir
A toujours étouffé celle du désespoir.

*Jeanne entre et vient embrasser madame Lucienne.*

## SCÈNE VIII

MADAME LUCIENNE, JEANNE

MADAME LUCIENNE

Bonjour, je viens vous voir, ma bien chère mignonne.

JEANNE

Ah ! que c'est bien à vous ! et que vous êtes bonne
De ne pas m'oublier par un aussi beau temps.

MADAME LUCIENNE

Vous valez mieux pour moi que les jours de printemps.
Croyez bien, chère Jeanne, à mes paroles franches :
C'est pour vous que j'attends les jeudis et dimanches.

JEANNE

Croyez aussi, Madame, à ce que je vous dis,
C'est pour vous que j'attends dimanches et jeudis.

MADAME LUCIENNE

Que vous êtes charmante!... Et puis, dans votre classe
On vous voit constamment à la première place,
C'est très bien, et je suis fière de vos succès.

JEANNE

Hier, j'étais première au concours de français.

MADAME LUCIENNE

Et madame Deberre en est très satisfaite;
Tant mieux, que chaque jour vous soit un jour de fête.

JEANNE, *tristement.*

Un jour de fête! oh! non.

MADAME LUCIENNE

Quoi! ne seriez-vous pas
Heureuse, à quatorze ans, quand tout rit sur vos pas?

JEANNE

Il me manque un bonheur, une chose bien chère.

MADAME LUCIENNE

Et que vous manque-t-il?

JEANNE

Il me manque ma mère.

MADAME LUCIENNE

Oui... je comprends cela... ce bonheur vous est dû,

Et... vous l'aurez... plus tard...

JEANNE

J'ai longtemps attendu,
J'ai longtemps, dans le fond de mon cœur enchâssée,
Gardé la radieuse et divine pensée,
J'ai longtemps caressé l'espoir qu'un beau matin
Une lettre arrivant de ce pays lointain
M'apprendrait que ma mère allait se mettre en route;
Elle n'a pas écrit, elle est morte, sans doute,
Et plus je vais, hélas! plus j'en acquiers la foi,
Vivante, elle serait venue auprès de moi.

MADAME LUCIENNE

Chère Jeanne!

JEANNE

La vie est une lie amère
Pour l'enfant qui se sent isolée. Une mère
Est la chose qu'on veut, est la chose qu'il faut
Et qui ne peut jamais se trouver en défaut.
Dans les nids de moineaux, dans les nids d'hirondelles,
A l'heure où les petits vont tenter leurs coups d'ailes,
La mère est là, veillant ainsi qu'au premier jour,
Les entourant de soins, les entourant d'amour;
Les animaux ont tous cet appui tutélaire,
Le plus fauve regard de tendresse s'éclaire

Quand il faut d'un petit guider les premiers pas.
Tous ils ont une mère et moi je n'en ai pas.

MADAME LUCIENNE

Jeanne ! ma chère Jeanne !

JEANNE

Ah ! je dois vous paraître
Injuste, n'est-ce pas ? même ingrate peut-être ;
Pardonnez-moi d'ouvrir mon cœur dans l'abandon.

MADAME LUCIENNE

Vous n'avez pas besoin, Jeanne, de mon pardon.

JEANNE

Je laisse déborder ma douleur concentrée ;
Hélas ! si j'avais eu cette mère adorée
J'en aurais fait mon culte et mon bien précieux,

Prenant les mains de madame Lucienne et approchant son visage du sien.

Les deux mains dans ses mains et les yeux dans ses yeux,
L'âme, l'esprit, le cœur pleins de la même idée,
Longtemps, longtemps ainsi je l'aurais regardée.

MADAME LUCIENNE

Jeanne ! ma Jeanne !...

La jeune fille dégage ses mains et passe son bras autour de la taille de madame Lucienne.

JEANNE

Puis, doucement, à dessein,
J'aurais ainsi posé ma tête sur son sein.

MADAME LUCIENNE, à part.

Mon Dieu!

JEANNE

Puis, dans l'élan de ma tendresse extrême
J'aurais redit cent fois: Mère, combien je t'aime!

MADAME LUCIENNE, à part.

Mon Dieu! mon Dieu!...

Madame Deberre entre.

## SCÈNE XIV

MADAME LUCIENNE, JEANNE,
MADAME DEBERRE

MADAME DEBERRE

Pardon de venir vous troubler.

A Jeanne qui a dégagé madame Lucienne de son étreinte.

Une dame désire aussitôt te parler.

MADAME LUCIENNE

Je vais donc m'éloigner, ma mignonne chérie.

JEANNE

Oh! non, ne partez pas, Madame, je vous prie,
Ce n'est pas l'heure encor, je veux vous dire adieu.

MADAME LUCIENNE

Bien, chère enfant.

*Elle fait quelques pas vers le fond, puis elle dit à part et en levant les yeux au ciel.*

Ayez pitié de moi, mon Dieu!

*Elle sort.*

MADAME DEBERRE

C'est une dame âgée et fort bien, on l'appelle
Madame de Formont.

JEANNE

Je me rends auprès d'elle.

MADAME DEBERRE

Non, non, car te sachant au jardin, c'est ici
Qu'elle veut te parler.

*Apercevant madame de Formont qui vient par la droite.*

Justement, la voici.

*Madame de Formont entre en scène.*

MADAME DEBERRE, *à madame de Formont.*

Voilà Jeanne.

MADAME DE FORMONT

Merci, Madame.

Madame Deberre sort.

## SCÈNE X

### JEANNE, MADAME DE FORMONT

MADAME DE FORMONT

Ma visite
Doit vous surprendre un peu, ma bien chère petite;
C'est tout simple, mais moi je désire vous voir
D'abord par sympathie, ensuite par devoir.

JEANNE.

Madame, des deux parts soyez la bienvenue.

MADAME DE FORMONT

Chère enfant, je vous suis tout à fait inconnue,
Mais je suis quelque peu de votre parenté.

JEANNE

Tant mieux pour moi, cela me flatte, en vérité.

MADAME DE FORMONT

Je suis votre grand'tante.

JEANNE

Ah! très bien.

MADAME DE FORMONT

Je m'appelle

Madame de Formont.

JEANNE, après un silence.

Et de prénom, Estelle?

MADAME DE FORMONT

C'est cela même, eh! quoi! vous me connaissez?

JEANNE

Non,

Mais depuis bien longtemps je connais votre nom;
Vous avez fait, et c'est un très bel apanage,
Un livre intitulé : LES RÊVES DU JEUNE AGE;
C'est ravissant à lire.

MADAME DE FORMONT

Ah! vous vous rappelez

Cet ouvrage?

JEANNE

Oui, les vers sont fort bien ciselés;
J'ai toujours en mémoire et souvent sous ma plume
Les deux strophes qui sont en tête du volume,
Elles me plaisent tant, que je les sais par cœur.

MADAME DE FORMONT

Chère Jeanne, pour moi, c'est vraiment trop flatteur.

JEANNE, *récitant.*

— La mère avec l'enfant c'est la tige et la fleur,
C'est un même parfum né d'un double calice,
C'est la voix et l'écho fondus avec délice,
La flamme et le rayon du cœur.

C'est la grâce naïve et la pudeur austère,
C'est la douceur de l'aube avec l'éclat du jour,
C'est la beauté du ciel et celle de la terre,
C'est l'innocence avec l'amour. —

MADAME DE FORMONT

Vous avez dit cela d'une façon charmante
Et c'est de tout mon cœur que je vous complimente ;
J'écoute avec orgueil, sous ces grands arbres verts,
La douce et fraîche voix qui dit si bien mes vers ;
Je m'explique à présent ma vive sympathie.

JEANNE

Au fond du cœur pour vous aussi je l'ai sentie.

MADAME DE FORMONT

C'est charmant.

*Elle l'embrasse.*

JEANNE, après un silence.

Vous avez dit qu'en venant me voir
Vous étiez appelée aussi par le devoir,
N'est-ce pas ?

MADAME DE FORMONT

C'est très vrai, mais pour cela, ma chère,
Il me faut avant tout voir madame Deberre ;
Voulez-vous la prier de venir un moment ?

JEANNE

Je me rends tout de suite auprès d'elle.

Elle sort.

## SCÈNE XI

MADAME DE FORMONT

Vraiment
C'est un trésor pour moi que ma petite nièce,
Elle a précisément mis la main sur la pièce
La mieux faite parmi celles de mon recueil.
J'ai dit vrai tout à l'heure et c'est avec orgueil
Que j'ai senti mes vers passer dans un coup d'aile.
Chère enfant ! maintenant je dois m'occuper d'elle ;
Mais il me faut savoir ce qui se passe, et puis
Je ferai mon devoir sans hésiter.

Madame Deberre entre.

## SCÈNE XII

MADAME DE FORMONT, MADAME DEBERRE

MADAME DEBERRE

Je suis
A vos ordres.

MADAME DE FORMONT

J'ai vu Jeanne, je l'ai trouvée
Charmante de tous points et fort bien élevée,
Je vous en félicite et très sincèrement.

MADAME DEBERRE

Rien ne me touche plus qu'un pareil compliment;
D'ailleurs, la chère enfant est richement douée,
Puis, elle est toujours bonne et toujours dévouée,
Et chacun l'aime ici comme on aime une sœur.

MADAME DE FORMONT

En effet, sur ses traits fins et pleins de douceur
La bonté se reflète.

*Après un silence.*

Ainsi donc la mignonne

A tout pour elle, elle est intelligente et bonne,
Mais, Madame, veuillez franchement me parler :
J'ai cru voir tout à l'heure un nuage voiler
Son front en me parlant de devoir; souffre-t-elle ?

MADAME DEBERRE

Ah! pourquoi vous cacher sa tristesse mortelle ?
Pauvre enfant! elle souffre, hélas! cruellement :
Un oncle richissime a fait un testament
Dont la forme, à coup sûr, ne peut être attaquée
Et dont copie, un jour, me fut communiquée;
L'étrange testament doit faire le bonheur
De Jeanne, mais il faut...

MADAME DE FORMONT, l'interrompant.

J'en connais la teneur
Étrange, assurément, mais vraie.

MADAME DEBERRE

Alors j'abrège :
Quand, plus tard, je revis madame de Vaufrège
Sans espoir, sans fortune, en deuil de son mari
D'un incurable mal mort à Pondichéry,
Je mis le testament sous ses yeux. Pauvre femme!
Elle n'hésita pas, elle brisa son âme,
Elle écrasa son cœur sous un poids étouffant,
Et dit : J'assurerai le sort de mon enfant.

MADAME DE FORMONT

Et Jeanne ?

MADAME DEBERRE

Elle se fait une existence amère ;
Elle a le cœur en deuil de n'avoir pas sa mère.

MADAME DE FORMONT

Toutes deux souffrent donc ?

MADAME DEBERRE

Vous pouvez concevoir
Cette double douleur, ce double désespoir,
L'une au doute cruel et tous les jours en butte,
Et l'autre soutenant cette effroyable lutte
Qui s'ajoute sans cesse au mal déjà souffert,
Et qui la brisera dans son étau de fer.

MADAME DE FORMONT

Cette position n'est pas exagérée ?

MADAME DEBERRE

Exagérée ? oh ! non, elle est simplement vraie,
Je puis vous l'affirmer bien haut.

Madame Lucienne et Jeanne paraissent au fond de la scène et viennent par la droite.

MADAME DEBERRE

D'ailleurs, tenez.

Voici justement Jeanne et sa mère : Venez
Derrière ce massif et vous pourrez vous-même
Juger dans un instant cette douleur suprême.

Elle passe avec madame de Formont derrière le massif, à gauche, d'où le public ne peut les voir. Madame Lucienne et Jeanne entrent en scène.

## SCÈNE XIII

MADAME DE FORMONT, MADAME DEBERRE, derrière le massif. — MADAME LUCIENNE, JEANNE

MADAME LUCIENNE, continuant une conversation commencée.

Jeanne, allons, du courage, il faut nous dire adieu.

JEANNE

Oh! non, auprès de moi restez encore un peu.

MADAME LUCIENNE

Je voudrais ici même être toujours fixée
Ainsi que l'est mon cœur, comme l'est ma pensée.

JEANNE

Je sais que je vous suis chère en tous points, je sens
Tant d'amour, tant d'amour vibrer dans vos accents,

Une telle tendresse est par vous exprimée
Qu'une mère, je crois, ne m'eût pas plus aimée.

MADAME LUCIENNE

C'est vrai, Jeanne, c'est vrai!

JEANNE

Pourtant, vous n'êtes pas
Ma mere.

MADAME LUCIENNE

Chère Jeanne!

JEANNE, après un silence.

Hélas! à chaque pas
La torture grandit, le tourment s'accentue,
Et je sens...

MADAME LUCIENNE

Vous sentez?

JEANNE

Que la douleur me tue.

MADAME LUCIENNE

Jeanne, ce que je viens d'entendre n'est pas vrai?
Jeanne!...

JEANNE

C'est bien fini, je sens que j'en mourrai.

MADAME LUCIENNE.

Jeanne!... mon Dieu!... pourquoi cette parole amère
Et qui brise mon cœur?

JEANNE, avec explosion.

Je veux revoir ma mère!

MADAME LUCIENNE

Mon enfant! mon enfant!...

MADAME DE FORMONT, qui a longé le massif et qui est descendue en scène avec madame Deberre.

C'est assez de cela.

A Jeanne.

Tu veux revoir ta mère?

Poussant la jeune fille vers madame Lucienne.

Eh bien! embrasse-la.

JEANNE, courant vers madame Lucienne, les bras ouverts.

Ma mère! c'est ma mère!

MADAME LUCIENNE, à part.

Ah! quel sort me condamne!

Elle se dégage de l'étreinte de Jeanne, puis elle dit d'une voix tremblante.

Non, non... vous n'êtes pas ma fille, chère Jeanne.
Vous n'êtes pas... Adieu!..

Elle veut s'élancer au dehors, madame de Formont la retient.

MADAME DE FORMONT

Restez, car je sais tout.
Votre beau sacrifice est poussé jusqu'au bout;
Jeanne apprendra plus tard l'abnégation sainte
Et tout le poison bu dans la coupe d'absinthe,
Et toute la grandeur d'un pareil dévouement.

*Elle sort de sa poche un papier qu'elle déplie.*

Mais vous, du fastueux et cruel testament
Écoutez, je vous prie, un dernier codicille :

*Elle lit :*

— « Aujourd'hui, seize mai mil huit cent soixante-deux, » sentant mes forces s'affaiblir rapidement, j'ai prié ma- » dame Estelle de Formont, ma chère et honorée tante, » de se rendre auprès de moi, et devant elle j'ai ajouté le » codicille suivant au testament relatif à mademoiselle » Jeanne de Vaufrège.

» Je donne à ma chère tante susnommée la faculté » d'annuler, quand elle le trouvera bon, l'obligation pour » madame de Vaufrège de ne pas se faire connaître de sa » fille Jeanne jusqu'à la majorité de celle-ci. Pour que » cette obligation cesse d'être, il suffira que ma chère » tante donne lecture du présent codicille à madame de » Vaufrège, ma sœur. Les deux millions légués à Jeanne » seront, dès lors, mis à la disposition de cette dernière. »

A madame Lucienne.

Refusez-vous encor d'embrasser votre fille?

MADAME LUCIENNE, avec éclat.

Viens, Jeanne, et dans mes bras, si souvent épuisés,
Prends deux ans de tendresse et deux ans de baisers!

Pendant que madame Lucienne tient Jeanne dans ses bras, Berthe, Octavie et les jeunes filles viennent en scène.

## SCÈNE XIV

MADAME DE FORMONT, MADAME DEBERRE, MADAME LUCIENNE, JEANNE, BERTHE, OCTAVIE, JEUNES FILLES

MADAME DEBERRE, à Jeanne qui se dégage de l'étreinte de sa mère.

Voyez; autour de vous tous les cœurs sont en fête.

BERTHE

Eh bien! ma chère Jeanne, ai-je été bon prophète?

JEANNE

Oui, Berthe.

OCTAVIE

Et mon langage orgueilleux et moqueur,
Me le pardonnes-tu, Jeanne?

JEANNE

De tout mon cœur.

Madame de Formont et madame Deberre sont allées vers la gauche ; Berthe et Octavie ont rejoint les jeunes filles et font ensemble un rondeau au milieu duquel sont madame Lucienne et Jeanne. Elles s'arrêtent après avoir dit d'embrasser : *Celle qui vous plaira le mieux.*

JEANNE

Au lieu de désigner celle qui m'est plus chère,
Toutes, je vous embrasse en embrassant ma mère.

# LA
# FEMME DE CHAMBRE

COMÉDIE EN UN ACTE, EN VERS

## PERSONNAGES

BETSY GREENFIELD

ROSE DIXON, son amie.

LYDIA

LA BARONNE DE MAUPOINT

AGATHE

FRANÇOISE

# LA
# FEMME DE CHAMBRE

---

n salon, porte à droite et à gauche, porte au fond. — A gauche, un secrétaire.

Au lever du rideau, Betsy et Rose sont en scène.

## SCÈNE PREMIÈRE

### BETSY, ROSE

BETSY

Chère, dans les journaux d'hier, quinze septembre,
Mon annonce est parue et les femmes de chambre
Se succèdent déjà de moment en moment.

ROSE

Tout ce que dit Paris retentit longuement,
Et sa presse écoutée a des voix sans égales.

BETSY

Je n'ai mis cependant que mes initiales
Et mon adresse.

ROSE

Mais c'est bien plus qu'il ne faut,
Les offres, à coup sûr, ne feront pas défaut.

BETSY

Et maintenant, je dois vous dire, chère Rose,
Comment mon horizon, autrefois si morose,
A soudain resplendi de joie et de clarté :
En mai, la fièvre jaune, avec intensité,
Sévissait à New-York où j'étais. L'épouvante
Avait fait un tombeau de la cité vivante,
Les plus courageux même étaient partis, fuyant
Les pâles moribonds et leur râle effrayant.
La mère de Lady Wilmaire fut atteinte
Par le cruel fléau, mais, tous saisis de crainte,
Ses nombreux serviteurs l'abandonnèrent; moi
Je m'en vins auprès d'elle et la sauvai.

ROSE

La foi
Du bien est un trésor que le ciel nous dispense.

BETSY

Mais bientôt je reçus une autre récompense;

Un matin, par la poste, il me vint un mandat
De cent mille dollars sur le banquier Goldat
Avec ces mots écrits par milady Wilmaire :
— A miss Betsy Greenfield qui m'a rendu ma mère. —

ROSE

C'est trés beau.

BETSY

Ma fortune est arrivée ainsi.

ROSE

Tant mieux.

BETSY

Je vais me rendre à Londres ces jours-ci,
Car je ne connais pas la haute donatrice
A qui je puis donner le nom de bienfaitrice,
Et je veux devant elle exprimer ce que sent
Et ce qui fait vibrer mon cœur reconnaissant.

ROSE, se levant.

Très bien: vous méritez pareille réussite,
Et c'est avec bonheur que je vous félicite.

On sonne.

C'est une offre, bien sûr... Au revoir donc, Betsy.

BETSY.

Au revoir, dear.

Rose sort par la droite. Agatne entre par le fond.

## SCÈNE II

BETSY, AGATHE

AGATHE, *parlant avec une extrême lenteur.*

Bonjour; demande-t-on ici
Une femme de chambre?

BETSY

Oui.

AGATHE

Me voici, Mamselle,
Prête à vous apporter mon savoir et mon zèle.

BETSY

Vous parlez lentement et de telle façon
Que vous avez tout l'air de dire une leçon.

AGATHE, *avec la même lenteur.*

On dit que vite et bien ne vont jamais ensemble.

BETSY

Vous mettez à profit le dicton, il me semble.
Mais avez-vous servi quelque part?

AGATHE

En premier

Je suis restée un an chez un riche fermier
Où l'on m'avait donné la plus rude des tâches,
Je servais les moutons, les chèvres et les vaches.

BETSY

Vous devrez quelque peu chez moi changer de ton
Car je ne fus jamais ni chèvre ni mouton.

AGATHE

Qu'importe? croyez-moi, je ferai votre affaire.

BETSY

Ainsi, bêtes et gens sont dans la même sphère
Pour vous, et c'est avec cela que vous voulez
Être femme de chambre?

AGATHE

Et pourquoi non?... Allez
Je m'y connais; là-bas, où je travaillais ferme,
Moi, seule je faisais les chambres de la ferme;
Qu'exigez-vous de plus?... Il faut vous décider.

*Françoise entre.*

## SCÈNE III

BETSY, AGATHE, FRANÇOISE

FRANÇOISE, parlant avec un accent provençal très prononcé et avec une extrême volubilité.

Bonjour; c'est bien ici que l'on fait demander
Une fille de chambre?

BETSY

Oui, ma foi!

FRANÇOISE

Je vous offre
Mes services. Je suis robuste comme un coffre,
Je peux veiller sur tout dans la maison, je sais
Faire les vêtements de femme et les corsets;
Prenez-moi, vous n'aurez jamais chance pareille.

BETSY

Vous n'êtes pas du nord?

FRANÇOISE

Non, je suis de Marseille.

BETSY

On est tout aussitôt fixé sur ce point-là;

Mais pourquoi parlez-vous si vite que cela?

FRANÇOISE

C'est le mal du pays, personne ne l'évite;
On parle toujours vite, on va vite, on vient vite;
On a du sang chez nous.

AGATHE, lentement.

Un peu trop...

FRANÇOISE, l'imitant.

Un peu trop?
Peut-être qu'on vous a mise dans le sirop.

A Betsy et avec volubilité :

Puis, je peux faire encor, si cela vous arrange,
La compote de pomme et le sucre d'orange,
La groseille en gelée et la pâte de coings,
Je sais fouetter la crême avec les plus grands soins...

BETSY

Ainsi s'exprimerait une locomotive.

FRANÇOISE, continuant très vite.

Je suis très économe et je suis très active,
Si personne chez vous ne tient la haute main
Je ferai tout marcher du jour au lendemain,
Et seriez-vous baronne, ou marquise, ou duchesse,
Je veillerai sur vous et sur votre richesse.
Ce n'est pas tout encor...

BETSY

O ciel!

FRANÇOISE

De plus, je veux
Dans le genre dernier disposer vos cheveux,
Je coiffe avec beaucoup de goût et je me flatte
De faire croire vrais chignon et fausse natte.

BETSY

Cela n'arrête plus, mon Dieu!

FRANÇOISE, toujours très vite.

Je dois aussi
Mettre en ordre bijoux et dentelles; ainsi
Vous n'aurez rien à faire et vous deviendrez grasse.

BETSY

Mon Dieu!

FRANÇOISE

Ce n'est pas tout...

BETSY

Ah! de grâce! de grâce!
Ma tête part... je sors, car je me sens fort mal
Entre ce calme plat et ce coup de mistral!

Elle sort précipitamment par la gauche.

## SCÈNE IV

AGATHE, FRANÇOISE.

AGATHE, toujours très lentement.

Vous l'avez effrayée avec votre langage,
Vous l'avez obligée à fuir.

FRANÇOISE, toujours vite.

Je vous engage
A savoir un peu mieux ce que vous dites.

AGATHE

Quoi!
Croyez-vous que le coup de mistral, ce soit moi?

FRANÇOISE

Quant à cela, non!... mais le calme plat? serait-ce
A moi que ce propos désobligeant s'adresse?

AGATHE

Non, mais entre les deux, convenez-en, il faut
Admettre que le vôtre est le plus grand défaut.

FRANÇOISE

Du tout! vous vous mettez le doigt dans l'œil, ma chère.

AGATHE

Vous êtes mal venue à dire le contraire;
Quand votre bouche s'ouvre un moment, elle n'est
Plus une bouche...

FRANÇOISE

Alors qu'est-elle?

AGATHE

Un robinet.

FRANÇOISE

Près de vous on se dit s'il ne faut pas qu'on aille
Chez le marchand du coin chercher une tenaille,
Il faut vous arracher les mots comme une dent.

AGATHE

En n'allant pas trop vite on va sans accident.

FRANÇOISE

De cette idée absurde on vous a tant farcie
Que vous faites mourir les gens d'apoplexie.

AGATHE

Vous m'abaissez à tort jusqu'à votre niveau,
Car c'est vous qui donnez des transports au cerveau.

FRANÇOISE

Ah! de démangeaisons je sens les deux mains pleines!

AGATHE

Mais c'est du vitriol qui coule dans vos veines?

FRANÇOISE

Dans les vôtres, cela se voit bien, vous n'avez
Que de la limonade ou du jus de navets.

AGATHE, très tranquillement.

Vous m'insultez, je crois?

FRANÇOISE

Ah! ce sang-froid m'agace!
Le TROUN DE L'AIR me monte...

AGATHE

Ajoutez donc : BAGASSE!
Cela fera bien mieux, ce sera plus complet.

FRANÇOISE

Merci de vos conseils, je fais ce qui me plaît.

AGATHE

Parler aux gens ne veut pas dire qu'on les mange.

FRANÇOISE

Je vous ai déjà dit que la main me démange.

AGATHE, toujours très tranquillement.

Je puis vous assurer que vos airs de sapeur
Me laissent bien tranquille et ne me font pas peur.

FRANÇOISE

Ça me monte !

AGATHE

Quoi donc, le TROUN DE L'AIR? Ma chère,
Ne vous mettez donc pas aussi vite en colère ;
Moi, je suis toujours calme et dois vous répéter
Qu'on ne parvient jamais à m'impatienter.

FRANÇOISE, venant la regarder en face.

Alors?

AGATHE, après un moment et avec le même calme.

Alors, je cède. Avec mon caractère
Je puis fort bien trouver un poste en Angleterre ;
Dans ce pays tranquille on craint d'être étourdi.

FRANÇOISE

Allez-y, mais n'allez jamais dans le Midi.

Agathe sort par le fond.

FRANÇOISE, après un silence.

Décidément, il faut qu'avec grand soin j'évite
De me mettre en colère et de parler trop vite ;
Cette fille est très douce et je ne sais pourquoi
Je l'ai tant rudoyée, elle vaut mieux que moi,
Car pour avoir raison de ma folle sortie
Elle est autant que moi solidement bâtie.

Essayons de parler moins vite que jadis :

*Comptant lentement.*

Un, deux, trois, quatre, cinq, six, sept, huit, neuf et dix.
C'est cela... mais je crois le travail des plus rudes,
Nous revenons si vite aux vieilles habitudes!

*Lydia et la baronne de Maupoint entrent par la droite. — Françoise va vers le fond, à gauche. — Lydia et la baronne viennent sur le devant de la scène, à droite, et ne peuvent être entendues de Françoise. — Lydia est mise simplement et comme une femme du peuple.*

## SCÈNE V

### FRANÇOISE, LYDIA, LA BARONNE.

LA BARONNE, *parlant à demi-voix.*

Ma chère Lydia, sous cet accoutrement
Vous êtes gracieuse et votre air est charmant;
Le pari, je le vois, tient quand même.

LYDIA

Oui, baronne;
Si grand que soit l'éclat qui toujours m'environne
J'y déroge en faveur de tous nos malheureux,
Et c'est avec orgueil que je le fais pour eux.

7.

LA BARONNE

Cent mille francs, la somme est de belle venue.

LYDIA

Le duc de Rochester contre moi l'a tenue;
Aussi, pour la gagner en conscience, j'ai
Dit que je me rendrai chez madame B G
Selon l'annonce, et que, ne fût-ce rien qu'une heure,
Je serai le jour même admise en sa demeure
Comme femme de chambre, et je viens.

LA BARONNE

Rochester
N'a jamais cru que vous, la duchesse au nom fier,
La dame de puissante et de haute lignée,
Vous vous seriez aussi promptement résignée
A tenir un tel rôle.

LYDIA

On se doit en tribut
Lorsque sécher les yeux de qui pleure est le but.

LA BARONNE

Bonne chance! un proverbe admis chez nous, duchesse,
Dit que contentement passe toujours richesse.
Au revoir.

LYDIA

J'en aurai, je crois, pour peu de temps.

La baronı sort par la droite.

## SCÈNE VI

FRANÇOISE, LYDIA.

LYDIA, apercevant Françoise.

Attendez-vous quelqu'un?

FRANÇOISE, se contenant pour ne pas parler trop vite.

Oui, Madame, j'attends

Celle que tout à l'heure ici j'ai déjà vue.

LYDIA

Madame B G?

FRANÇOISE

Oui.

LYDIA

C'était chose prévue.

FRANÇOISE

Et vous?

LYDIA

Je viens la voir aussi pour demander
L'emploi... qu'à toutes deux on ne peut accorder.

FRANÇOISE

Je ferai de mon mieux pour l'obtenir, Madame.

LYDIA

Et j'en aurai, vraiment, la tristesse dans l'âme.

FRANÇOISE

Que voulez-vous ? il faut que chacun songe à soi,
Personne, à mon défaut, n'y songera pour moi.

LYDIA

Vous êtes, à coup sûr, plus que moi jeune et forte.

FRANÇOISE, *encore un peu plus vite.*

S'il est vrai que le droit de jeunesse l'emporte,
Il vaut mieux me céder la place.

LYDIA

Non, pourtant,
Être admise est pour moi tellement important
Que vous me voyez prête à soutenir la lutte
Avec ardeur jusqu'à la dernière minute.

FRANÇOISE

Un intérêt bien grand tient donc à cet emploi ?

LYDIA

Plus que vous ne pouvez le penser, croyez-moi;
Par lui je puis finir de bien vives alarmes,
Calmer bien des douleurs et sécher bien des larmes,
Je puis rendre l'espoir à qui souffre, voilà
Pourquoi je veux quand même avoir cet emploi-là.

FRANÇOISE

Sécher les yeux en pleurs! voir la douleur réduite!
Mais, voyons, il fallait le dire tout de suite.

*Elle va vers la porte.*

Bonjour.

LYDIA

Que faites-vous?

FRANÇOISE

Je m'en vais.

LYDIA

Ah! c'est bien!

FRANÇOISE, *avec la volubilité de jadis.*

Pourquoi vous empêcher de faire tant de bien?
J'ai de solides bras, la langue bien pendue,
Je suis très attentive, économe, assidue,
Je repasse, je couds, je coiffe, vous voyez
Que mes petits talents pourront être employés.

LYDIA

C'est votre cœur entier qui parle et vous conseille.

FRANÇOISE

Nous sommes comme ça, nous, enfants de Marseille.

LYDIA

Vous êtes de Marseille?

FRANÇOISE

Oui, d'ailleurs, on le sent.

LYDIA

Vous avez quelque peu conservé votre accent,
Mais j'aime ce pays, son ciel fait d'un sourire,
Son rivage où les flots chantent comme une lyre,
Son grand soleil d'où tombe une chaude clarté
Qui remplit l'air de joie et les cœurs de bonté.

FRANÇOISE

Comme vous parlez bien!

LYDIA, à part.

Ne faisons pas du style.

FRANÇOISE

Je m'en vais donc.

LYDIA

Merci cent fois.

FRANÇOISE

C'est inutile.

Elle se dirige vers la porte.

LYDIA

Cependant, attendez, je vous prie, un moment
Dans l'antichambre.

FRANÇOISE

Bien.

Elle sort.

LYDIA

C'est un vrai dévouement.
Son langage excessif et plein d'effervescence
Et son accent qui vaut un acte de naissance,
Disparaissent devant cette noble action.

La porte de gauche s'ouvre.

C'est madame B G. Faisons attention
Et n'exhalons pas trop la veloutine ou l'ambre.

## SCÈNE VII

LYDIA, BETSY.

LYDIA

Je viens me proposer comme femme de chambre.

BETSY, après l'avoir examinée un moment.

Vous me semblez avoir de la distinction.

LYDIA

C'est pourtant sans recherche et sans prétention.

BETSY

Vous avez de l'emploi l'habitude suivie?

LYDIA

Je sais très bien comment il faut qu'on soit servie
Et quels sont les devoirs qui tiennent à l'emploi.

BETSY

Je crois que vous serez tout à fait bien chez moi.

LYDIA

C'est un espoir sur qui mon dévouement se fonde,
Miss.

BETSY

Avez-vous été chez les gens du haut monde?

LYDIA

Oui, je puis l'affirmer, dans les grandes maisons,
Chez les lords les plus fiers, chez les ducs à blasons
Et chez tout ce qu'il est d'élégant ou d'austère
Parmi les plus vieux noms de la vieille Angleterre,
J'ajoute avoir toujours habité les palais.

BETSY

Quels gages voulez-vous ?

LYDIA

Vous-même fixez-les;

Je ne propose rien, je m'en fais un précepte.

BETSY

Quatre-vingts francs par mois.

LYDIA

C'est bien, je les accepte.

BETSY

J'habiterai Paris ou Londres.

*Lydia fait un signe d'assentiment.*

BETSY

Seulement

Je vous préviens qu'il faut prendre un engagement
D'un an.

LYDIA

Je puis cesser cependant de vous plaire.

BETSY

Quant à cela, je suis certaine du contraire.

LYDIA

Vous me flattez.

BETSY

Je tiens à vous engager.

LYDIA, après un moment de réflexion.

Bien ;

Mentionnez alors un dédit.

BETSY

De combien ?

LYDIA

Je m'en rapporte à vous de façon absolue.

BETSY

Mille francs ?

LYDIA

Mille francs, soit.

BETSY

Affaire conclue.

*Betsy va au secrétaire qu'elle ouvre, elle écrit sur une feuille l'engagement qu'elle remet à Lydia.*

BETSY

Voyez si vous avez quelque objection.

LYDIA, après avoir lu.

Non.

BETSY

Il ne reste donc plus qu'à mettre votre nom.

Lydia va au secrétaire et signe.

BETSY, après avoir regardé la signature.

Je n'en crois pas mes yeux ! quoi ! Lydia Wilmaire !
Est-ce là votre nom ?

LYDIA

C'est mon nom.

BETSY

Votre mère
Se trouvait à New-York voilà bientôt cinq mois ?

LYDIA

C'est vrai.

BETSY

Vous habitez Londres, Régent Park, trois ?

LYDIA

Oui.

BETSY

Vous me connaissez, à coup sûr ; je m'appelle
Betsy Greenfield.

LYDIA, allant lui prendre les mains.

Betsy Greenfield ! vous êtes celle
Qui m'a rendu ma mère !

BETSY

Oh ! j'ai peu fait, ma foi !
Et vous m'avez payée autant et mieux qu'un roi.

*Après une pause.*

Ce contrat n'est donc rien qu'une plaisanterie;
Je vais le déchirer devant vous.

LYDIA

Je vous prie
De n'en rien faire.

BETSY

Eh ! quoi ! Milady, vous voulez
Le conserver ?

LYDIA

Selon les termes stipulés;
Il le faut.

BETSY

Ma surprise est vraiment indicible.
Vous, sous mes ordres ? mais cela n'est pas possible !
Met-on le nom obscur sur le nom rayonnant ?

LYDIA, *résolument.*

Il le faut.

BETSY, *après avoir réfléchi quelques instants.*

Ah ! je crois comprendre maintenant :

Se rapprochant de Lydia.

Par des revers soudains la charmante duchesse
Dont on citait partout l'éclat et la richesse,
Est peut-être aujourd'hui... malheureuse... l'on voit
Bien souvent le malheur toucher les gens du doigt,
Et jeter ses flots d'ombre au grand nom que l'on vante.

Lydia garde le silence.

BETSY, continuant.

C'est pourquoi vous voulez vous faire ma servante...
J'en suis certaine... Eh bien! je vous le dis ici,
Cela ne sera pas.

Elle va prendre une cassette dans le secrétaire et elle vient près de Lydia.

Reprenez donc ceci.

LYDIA

Une cassette ! à moi, Miss ?

BETSY

En billets de banque
Vos cinq cent mille francs sont dedans, rien ne manque;
Ce n'est pas l'opulence, il est vrai, mais...

LYDIA

h ! quoi !
Vous voulez à ce point vous dépouiller pour moi ?

BETSY, résolument.

Il le faut !

A ce moment, madame de Maupoint entre précipitamment.

## SCÈNE VIII

### LYDIA, BETSY, LA BARONNE.

LA BARONNE

Votre espoir n'était pas un vain leurre :
Je viens de rencontrer Rochester tout à l'heure,
Rochester qui, sachant que vous étiez ici,
M'a remis en un chèque en règle que voici
Cent mille francs, la somme aux pauvres destinée ;
Les pauvres auront fait une bonne journée.

LYDIA, à Betsy.

Ma chère miss, je crois que voici le moment
Où je dois vous fournir un éclaircissement :
Il s'agit d'un pari dont vous voyez l'issue ;
Hier, j'ai soutenu que je serai reçue
Comme femme de chambre auprès de vous, selon
L'annonce du journal qu'on lisait au salon,
J'ai gagné pour autrui quelques jours de bien-être,

Mais j'ai gagné pour moi, Betsy, de vous connaître;
Conservez cet argent que vous veniez porter;

A la baronne.

De plus, permettez-moi, dear, de vous présenter
Miss Greenfield, celle à qui ma mère doit la vie,
Miss Greenfield dont je fais désormais mon amie.

LA BARONNE, s'approchant de Betsy.

Je vous tends les deux mains, ma bien chère Betsy,
La duchesse vous aime et je vous aime aussi.

BETSY

C'est un double bonheur pour moi.

LYDIA

Je dois encore
Voir cette fille brune, au langage sonore,
Que le hasard m'a fait aujourd'hui rencontrer.

Indiquant vers l'antichambre.

Elle est là, m'attendant.

BETSY

Je vais la faire entrer.

Betsy ouvre la porte de l'antichambre et fait un signe, Françoise entre, suivie d'Agathe.

## SCÈNE IX

LYDIA, BETSY, LA BARONNE,
FRANÇOISE, AGATHE

BETSY, à Françoise, en indiquant Lydia.

Madame la duchesse un instant vous réclame.

FRANÇOISE, à part, à Agathe.

Je l'avais bien compris, c'est une grande dame.

LYDIA, à Françoise.

Vous avez un bon cœur, vous me l'avez prouvé;
Venez, un bon emploi vous sera réservé.

FRANÇOISE

J'accepte, et je ferai tout marcher, je m'en flatte.

Se retournant vers Betsy.

A votre tour, Mamselle, il faudrait prendre Agathe.

BETSY

Soit.

AGATHE

Et pour vous prouver notre contentement,

Avec rapidité.

Je parlerai plus vite.

FRANÇOISE, se retournant du côté de Lydia et accentuant chaque mot.

Et moi, plus lentement.

# ZÉPHORE

PIÈCE EN UN ACTE, EN VERS

Tirée des Mille et une Nuits.

## PERSONNAGES

ARIELLE, reine de Bramador

NÉIDE, reine de Guilmore

NÉLUSKA, reine de Moulmarang

ZÉPHORE

ZÉLIDE, dame d'honneur d'Arielle

SITA

LA DOCTORESSE

LES MINISTRESSES

OURMÉA, tante de Zéphore

DAME DU PALAIS.

# ZÉPHORE

---

Un parc disposé pour une fête. — A droite et à gauche, au second plan, l'entrée d'un pavillon. — A droite, au premier plan, une estrade recouverte de soie. — Quatre fauteuils sont au bas de cette estrade. — A gauche, une table avec des fauteuils autour. — A droite, vers le fond, un banc. — Vue de la mer.

Au lever du rideau, Nélide et Néluska viennent du fond. Arrivées sur le devant de la scène, chacune d'elles, d'un geste, congédie ses suivantes qui saluent profondément et entrent dans le pavillon de droite.

## SCÈNE PREMIÈRE

### NÉIDE, NÉLUSKA

NÉIDE

C'est le même intérêt qui nous dicte nos rôles.

NÉLUSKA

Nous avons échangé nos royales paroles :

A Votre Majesté le haut de Bramador,
A moi, le sud.

NÉIDE

Longtemps j'ai fait mon rêve d'or
De ce pays magique, aux lumineuses grèves,
Mais cela miroitait dans l'horizon des rêves,
Tandis que le moyen... énergique adopté
Va faire du beau rêve une réalité.

NÉLUSKA

De tels faits sont classés dans les choses admises;
Réussir, tout est là.

NÉIDE

Nos escadres sont mises
En observation, attendant le signal
Qui leur sera donné par les clartés du bal :
La descente ici même aussitôt sera faite.

NÉLUSKA

Quel dénoûment superbe à cette belle fête !

NÉIDE

Arielle, à coup sûr, ne le soupçonne pas.

NÉLUSKA, avec orgueil.

Elle qui voit les fronts se courber sur ses pas,
N'être plus rien, se voir d'un coup dépossédée !

Ah ! que je m'applaudis d'une pareille idée !

Zéphore est entrée depuis un moment, elle a l'air de continuer une conversation commencée avec Ourméa, sa tante.

ZÉPHORE

Les grands ferment l'oreille à la voix des petits,
Ma tante, mais je songe à ce que tu me dis,
Et je vais, malgré tout, tâcher de voir la reine.

OURMÉA

C'est très bien.

Elle sort.

NÉIDE

Tout est prêt, la victoire est certaine.

NÉLUSKA

Mais qui nous préviendra, lors du débarquement ?

NÉIDE

Les tambours qui battront un double roulement.

NÉLUSKA

C'est au mieux. Attendons que l'heure soit venue.

Elles entrent dans le pavillon de droite.

## SCÈNE II

ZÉPHORE

Moi, sans prestige aucun, sans fortune, inconnue,
Pourrai-je voir la reine et m'en faire écouter?
Je le dois cependant et je vais le tenter.
Ah! dans les régions d'en haut tout n'est pas rose,
On y voit s'accomplir plus d'une triste chose.
Si j'étais reine, moi, fût-ce un jour, on verrait
Comment de mon pays je comprends l'intérêt
Et quelle loi serait par mes soins promulguée.

*Après un silence.*

Tiens! par ce long trajet je me sens fatiguée.

*Allant vers le banc, à droite.*

Asseyons-nous un peu sur le banc que voici.

*Elle s'assied.*

La Reine, assurément, passera par ici.

*Après un nouveau silence.*

Comme il fait bon!... Dans l'air passe une fraîche haleine,
On sent mille parfums exquis...

*Elle pose la tête sur le dossier du banc.*

Si j'étais reine!...

J'aurais... ce parc... j'aurais le droit... à tous moments...
De...

Elle s'endort — Arielle, Zélide et deux dames d'honneur viennent par la gauche.

## SCÈNE III

ZÉPHORE endormie, ARIELLE, ZÉLIDE, DAMES D'HONNEUR

ZÉLIDE

Votre fête aura des éblouissements,
Et son éclat sera digne en tous points de celle
Dont le nom glorieux sur l'Asie étincelle.

ARIELLE

Avec tous les honneurs j'ai voulu recevoir
Les deux reines qui sont nos deux hôtes.

ZÉLIDE

Ce soir
L'imprévu merveilleux s'ouvrira devant elles,
Car elles n'ont jamais rêvé de splendeurs telles.

ARIELLE

Elles en garderont bien mieux le souvenir.

ZÉLIDE

C'est juste, et cependant je ne puis définir
Le doute qui s'agite au fond de ma pensée ;
Cela ne semble pas une chose sensée,
Mais, j'en eus le soupçon dès le premier moment,
La reine Néluska vous hait profondément.

ARIELLE

Tu crois ?

ZÉLIDE

Votre prestige exercé sur l'Asie
Excite sa colère avec sa jalousie.

Zélide est interrompue par Zéphore endormie et qui chante en rêvant.

ZÉPHORE

— Quand on est sur le trône on peut être attiré
Dans l'abîme, sans voir la main qui vous entraîne ;
Je sais bien ce que je ferai,
Si j'étais reine ! —

Arielle et Zélide se dirigent vers Zéphore qui répète dans son sommeil :

Je sais bien ce que je ferai,
Si j'étais reine ! —

ARIELLE, regardant Zéphore.

Que ferait-elle donc et comment le savoir ?

ZÉLIDE

Connaître sa pensée est pour vous un devoir.

ARIELLE

Il me vient une idée.

ZÉLIDE

Ah ? voyons, et laquelle ?

ARIELLE

Je vais tout simplement rééditer pour elle
L'histoire, aux incidents si finement déduits,
Du DORMEUR ÉVEILLÉ dans les MILLE UNE NUITS.

ZÉLIDE

Oui, ce sera charmant.

ARIELLE, se tournant vers les dames d'honneur.

Qu'une de vous s'empresse
De faire auprès de moi venir la doctoresse
Avec le somnifère envoyé de Pékin ;
Qu'on fasse, en même temps, venir un palanquin.

Une des dames d'honneur s'incline et va dans le pavillon de gauche.

ZÉLIDE

Hautement j'apprécie une idée aussi bonne ;
Vous devez écouter les avis qu'on vous donne ;
Au milieu des grandeurs souvent on ne voit pas

Le danger qui soudain surgit devant les pas;
Puis, on sait que Brahma dispense avec largesse
Aux plus humbles, parfois, sa divine sagesse.

La dame d'honneur revient, suivie de la doctoresse, quatre esclaves viennent ensuite portant un palanquin.

ARIELLE

Endormez cette enfant pour une heure.

LA DOCTORESSE

Très bien.

Elle sort un flacon de sa poche.

ARIELLE

Il n'est aucun danger?

LA DOCTORESSE

Aucun, ne craignez rien.

A plusieurs reprises, elle fait respirer le flacon à Zéphore, elle dit ensuite.

C'est fait.

La reine indique d'un geste Zéphore aux esclaves qui mettent la jeune fille dans le palanquin.

ARIELLE

Emportez-la jusqu'à mon palais rose.

La reine se dirige vers le pavillon de gauche et elle y entre suivie de ses dames d'honneur, de la doctoresse et des esclaves portant le palanquin. — Zélide demeure en scène.

## SCÈNE IV

ZÉLIDE, puis SITA

ZÉLIDE

Il faut que l'on procède à la métamorphose;
Mais il en doit sortir un bien, j'en ai la foi.

Elle remonte la scène et se rencontre avec Sita qui vient avec empressement auprès d'elle.

SITA

Oh! la bonne rencontre!

ZÉLIDE

Elle est bonne pour moi.

A part.

Attention!

SITA

Chacun sait bien, chère princesse,
Qu'un prestige flatteur vous entoure sans cesse.

ZÉLIDE

On est trop bon pour moi.

SITA

Non, c'est tout simplement

L'hommage qu'il faut rendre à votre esprit charmant;
Il est des vérités qu'on ne peut méconnaître.

ZÉLIDE, à part.

Où veut-elle en venir?

SITA

Voulez-vous me permettre
De vous interroger sur votre beau pays
Et ses richesses dont les yeux sont éblouis?

ZÉLIDE, à part.

Nous y voilà.

A Sita.

Parlez.

SITA

Sans façon ni mystère
Je vais au but : Je tiens l'emploi de secrétaire
Près de Leurs Majestés et j'ai pour mission
De faire avec grand soin une relation
Des pays visités, de leurs lois et coutumes,
Des habitants avec leurs mœurs et leurs costumes,
Des produits précieux, et cœtera.

ZÉLIDE

Fort bien;
Interrogez.

SITA

Merci : Dites-moi donc combien
Vous comptez d'habitants sur votre territoire.

ZÉLIDE

Dix millions cent vingt mille, chiffre notoire.

Sita sort de sa poche un carnet sur lequel elle prend ses notes.

SITA

Et combien de soldats? à moins que sur ce point
Je ne sois indiscrète.

ZÉLIDE

Oh! vous ne l'êtes point :
L'effectif de l'armée est de douze cent mille.

SITA

C'est beaucoup; à quoi donc un tel nombre est utile?

ZÉLIDE

A maintenir la paix, car ici, comme ailleurs,
Les avis du plus fort sont toujours les meilleurs.

SITA

C'est une vérité triste, mais c'en est une.

Elle écrit.

J'écris et je poursuis ma démarche importune :
Votre flotte?

ZÉLIDE

On l'a mise à l'avenant : D'abord

Nous pouvons aligner vingt vaisseaux de haut bord,
Trente frégates, puis, nous avons par centaines
Des transports qui s'en vont sur les plages lointaines.

SITA

Et combien de marins pour équiper cela?

ZÉLIDE

A peu près cent dix mille.

SITA

Il faut ce nombre-là.

*Elle inscrit.*

Mais que votre budget doit être lourd!

ZÉLIDE

Sans doute;

On sait ce qu'une flotte aussi nombreuse coûte,
Mais l'avenir est sûr pour nous tous, le Trésor
Alimenté sans cesse a des affluents d'or,
Et le pays toujours joyeux, toujours en fête,
Produit le double, au moins, de la dépense faite.

SITA

Un tel pays s'impose à l'admiration.

*Elle inscrit.*

Je passe maintenant à la production.

ZÉLIDE

Plus qu'ailleurs notre terre est vivace et féconde;

Nous avons des forêts vieilles comme le monde,
Des arbres précieux, l'or à pleins gisements,
Des filons d'où jaillit l'éclat des diamants,
Des fouillis de saphirs, de rubis et d'opâles
Auprès de qui, le soir, les étoiles sont pâles.

SITA

C'est très bien et cela me suffit pour juger
L'ensemble du rapport qu'il me faut rédiger;
Ce sera sans ambage et sans diplomatie;
Maintenant, permettez que je vous remercie
De votre empressement pour moi.

ZÉLIDE

N'en faites rien,
De grâce!

SITA, saluant.

A bientôt, donc.

ZÉLIDE

A bientôt.

*Sita entre dans le pavillon de droite.*

ZÉLIDE

Je crains bien
D'avoir été trop loin et de m'être lancée
Dans les chiffres sans mettre un frein à ma pensée.

J'ai causé millions, soldats, marins, vaisseaux,
Tout comme si j'étais la gardienne des sceaux.
Bah! le mal n'est pas grand; d'ailleurs, en politique
On sait bien qu'on ne dit jamais rien d'authentique.

Les ministresses, avec leur portefeuille sous le bras, sortent du pavillon de gauche et viennent s'asseoir autour de la table. — Arielle vient ensuite avec Zéphore vêtue en reine et la couronne sur la tête.

## SCÈNE V

ZÉLIDE, ARIELLE, ZÉPHORE,
LES MINISTRESSES

ARIELLE, à Zéphore.

Reine, daignez donner vos ordres.

ZÉPHORE

Moi, donner
Des ordres?

ARIELLE

Oui, cela peut-il vous étonner?
Vous êtes reine et vous commandez.

ZÉPHORE

Je vous prie
De ne pas prolonger cette plaisanterie.

ARIELLE

Croyez bien que je parle avec sincérité :
Tout le monde obéit à Votre Majesté.

ZÉPHORE

Ma Majesté!

Après avoir regardé ses riches vêtements.

Voyons, avouez-moi qu'un songe
Me flatte, en ce moment, comme un riant mensonge,
Mais que son vain prestige et sa fausse clarté
Vont bientôt s'effacer dans la réalité.

ARIELLE

C'est à vous qu'appartient la grandeur souveraine.

UNE DES MINISTRESSES, venant devant Zéphore et saluant.

Oui, vous êtes la reine.

ZÉLIDE, venant à son tour saluer Zéphore.

Oui, vous êtes la reine.

ZÉPHORE

C'est bien ; je puis dès lors, faire ce que je veux?

ARIELLE

Assurément, chacun doit souscrire à vos vœux.

ZÉPHORE, à Arielle.

Alors, dites-moi donc qui vous êtes.

ARIELLE

C'est juste :

Saluant profondément.

Première ministresse à votre Cour auguste.

Après un silence.

Mes collègues sont là, prêtes à discuter
Les sujets qu'aujourd'hui le Conseil doit traiter.

ZÉPHORE

Bientôt nous passerons à ce devoir austère ;
Mais d'abord : Qui de vous est chef du ministère
De la marine?

LA MINISTRESSE DE LA MARINE, se levant.

Moi.

ZÉPHORE

Dites-moi, s'il vous plaît,
Où se trouve l'escadre.

LA MINISTRESSE

Elle est au grand complet
Dans la baie Ouredin dont on sait l'importance.

ZÉPHORE

Une heure alors suffit pour franchir la distance.

LA MINISTRESSE

Moins que cela, par terre, avec un bon cheval.

ZÉPHORE

C'est bien.

Elle écrit quelques lignes, puis, elle appose le sceau royal sur la feuille qu'elle met dans un pli.

Faites porter cet ordre à l'amiral.

La ministresse prend la feuille et d'un regard elle consulte Arielle qui fait de la tête un imperceptible signe d'assentiment. — La ministresse sort par le fond. — Ourméa paraît au fond avec une dame du palais ; celle-ci, après avoir causé un moment, se dirige vers le Conseil.

OURMÉA

Je suis très inquiète et c'est ce qui m'amène.

LA DAME DU PALAIS, à Zéphore.

Une femme demande à parler à la reine.

ZÉPHORE

Quelle est-elle ?

LA DAME DU PALAIS

Elle est bien, elle a l'air simple et doux.

ZÉPHORE

Qu'elle soit introduite aussitôt près de nous.

LA DAME DU PALAIS

Oui, mais elle demande avec beaucoup d'instance,
A vous voir seule, c'est de très haute importance.

ZÉPHORE, à Arielle et aux ministresses.

Voulez-vous nous laisser, dès lors, quelques instants ?
Nous vous rappellerons quand il sera temps.

Arielle et les ministresses s'inclinent et sortent par la gauche. — Zéphore, d'un geste, indique à la dame du palais d'introduire l'étrangère.

## SCÈNE VI

### ZÉPHORE, puis OURMÉA

ZÉPHORE

Que va-t-elle me dire et que sera-t-il sage
De répondre? Je suis à mon apprentissage
De ce métier si beau qu'il semble un conte bleu.

La dame du palais introduit Ourméa et sort.

OURMÉA, à part.

Ma tante! c'est le cas de m'exercer un peu.

Ourméa entre en s'inclinant profondément et en mettant la main sur son cœur. Zéphore se tient un peu de côté pour que sa tante ne la reconnaisse pas et elle parle en contrefaisant sa voix.

ZÉPHORE, avec emphase.

Que voulez-vous de nous?

OURMÉA

Je viens, en grande hâte,
Vous dire...

S'interrompant.

Se peut-il qu'ainsi le cœur me batte!
Vrai, je tremble en parlant à Votre Majesté.

ZÉPHORE

Et pourquoi tremblez-vous ?

OURMÉA

Je n'ai jamais été,
Voyez-vous, au milieu des splendeurs souveraines,
Et ne sais pas du tout comment on parle aux reines.

ZÉPHORE, toujours avec la même emphase.

Ainsi, vous ne m'avez jamais parlé?

OURMÉA

Jamais;
Moi, je suis tout en bas et vous, sur les sommets,
La rencontre n'est pas une chose possible.

ZÉPHORE

Une reine pourtant n'est pas inaccessible;
Elle doit tout savoir.

OURMÉA

En principe, c'est bien,
Elle doit tout savoir, mais elle ne sait rien.

ZÉPHORE

Qu'est-ce à dire?

OURMÉA

Oh! pardon! on vous sait très savante,
Dans tous les horizons de Bramador on vante

Votre esprit de sagesse et votre sens profond,
Mais vous ne savez pas, à coup sûr, ce que font
Vos ennemis armés déjà de toute pièce.

ZÉPHORE, toujours même jeu.

Peut-être.

OURMÉA

Ce matin, j'avais chargé ma nièce
De vous voir à tout prix; mais, au milieu du jour,
Comme elle n'était pas encore de retour,
J'ai cru bon de venir dire ce qui se passe.

ZÉPHORE

Une reine sait tout, quoi qu'on dise ou qu'on fasse.

OURMÉA

Bien sûr, mais...

ZÉPHORE, toujours même jeu.

Vous venez parler de Néluska.

OURMÉA, surprise.

C'est vrai.

ZÉPHORE

De ses projets, du piège où s'embusqua
Son implacable orgueil doublé de jalousie.

OURMÉA

C'est vrai.

ZÉPHORE

De son espoir d'effacer de l'Asie
Notre cher Bramador en l'abaissant au rang
Qu'y doivent occuper Guilmore et Moulmarang.

OURMÉA

C'est cela, chaque chose est fort bien désignée.

ZÉPHORE

Vous voyez que je suis tout à fait renseignée,
Il faut qu'on sache tout quand on est au pouvoir.

OURMÉA

Qui vous a renseignée ainsi? qui peut avoir
Pénétré des secrets dont je suis confidente?

ZÉPHORE

Qui m'a renseignée?

OURMÉA

Oui.

ZÉPHORE, se retournant tout à coup et reprenant sa voix ordinaire.

Mais c'est toi, chère tante.

OURMÉA

Zéphore!... par Brahma! je rêve...

ZÉPHORE

Justement

J'ai cru rêver aussi pendant un long moment,
Mais non, je suis bien reine. En vérité, j'ignore
Comment cela se fait, ni pour quel temps encore,
Mais j'exerce sur tous ma fière autorité,
Et tous, à qui mieux, mieux, m'appellent : Majesté.

OURMÉA, après un silence.

Majesté!... mais voyons, il vaut mieux que j'en rie;
Quoi! tu n'as pas compris cette plaisanterie?
C'est par dérision qu'on te donne ce nom.

ZÉPHORE

Alors, tu ne crois pas à ma puissance?

OURMÉA

Non.

ZÉPHORE

Eh bien! dans un moment tu vas la reconnaître.

Elle frappe trois fois dans sa main, trois esclaves paraissent.

ZÉPHORE, aux esclaves en désignant Ourméa.

Vous voyez cette femme? à l'eau! par la fenêtre!

Les esclaves s'élancent sur Ourméa et la saisissent.

OURMÉA, se débattant.

Non, non, non!

ZÉPHORE, impérieusement, aux esclaves.

Laissez-la.

Les esclaves laissent Ourméa. D'un geste Zéphore les congédie. Ils sortent après avoir fait un profond salut.

ZÉPHORE

Qu'en dis-tu?

OURMÉA

Par Brahma!

Jamais autorité plus haut ne s'affirma.
Tu m'as fait peur.

ZÉPHORE

Crois-tu que je sois souveraine?

OURMÉA

Je n'en puis plus douter, oui, c'est bien toi la reine,
Mais je n'y comprends rien.

ZÉPHORE

Moi, non plus, rien du tout.
Je remplirai pourtant mon rôle jusqu'au bout;
Retourne donc là-bas, sans moi, ma chère tante.

OURMÉA

Que ton étoile garde une clarté constante.
Adieu, Zéphore, adieu, reine au sceptre enchanté,
Permets-moi d'embrasser bien fort Ta Majesté.

Elle embrasse Zéphore et elle sort.

ZÉPHORE

Allons, suivons le cours de notre destinée.

ZÉLIDE, venant par la gauche.

Reine, voici bientôt la fin de la journée;

La fête va s'ouvrir, vous devez être là;
Venez donc vous livrer à mes soins.

ZÉPHORE

Me voilà;
Je tiens à resplendir dans cette belle fête.

**Elle sort par la gauche, suivie de Zélide. Néluska et Sita viennent par la droite. — La nuit se fait; des esclaves commencent l'illumination du parc.**

## SCÈNE VII

NÉLUSKA, SITA

NÉLUSKA

Vous me prouvez encor votre adresse parfaite;
Vos informations me ravissent.

SITA

Vraiment
J'en avais dans l'esprit un éblouissement.
Quelle profusion! une terre féconde
Où poussent les produits les plus riches du monde,
Des forêts pleines d'ombre et d'arbres précieux,
Puis, jetés par un sort toujours capricieux,
Des filons d'or ouvrant les trésors de leurs veines,
Puis, des mines sans prix d'où l'on tire à mains pleines

Emeraudes, saphirs, diamants et rubis
Dont les plus fiers radjas constellent leurs habits.

NÉLUSKA, avec enthousiasme.

Puis, passer devant tous! devenir la première!
Etre le plus haut point! le foyer de lumière!
Quel rêve! et c'est le mien!

Six heures sonnent.

SITA

C'est l'heure, hâtons-nous,
On va, dans un moment, venir auprès de vous.

NÉLUSKA

Oui, ma chère Sita, c'est l'heure et je suis prête.

Elles vont dans le pavillon, à droite. — Une marche se fait entendre. — Les porte-enseignes d'Arielle entrent par la gauche. — La maison d'Arielle vient ensuite. — Puis, Arielle suivie des ministresses et de ses dames d'honneur. — Lorsque la reine paraît sur le seuil du pavillon de gauche, quatre dames d'honneur se détachent du cortège, elles traversent la scène et entrent dans le pavillon de droite. — Arielle se tient debout, à gauche, attendant Néluska et Néide qui entrent précédées des quatre dames d'honneur et suivies par Sita et les gens de leurs maisons.

## SCÈNE VIII

ARIELLE, NÉLUSKA,
MINISTRESSES, NÉIDE, DAMES D'HONNEUR
puis ZÉPHORE et ZÉLIDE

ARIELLE, à Néluska et à Néide.

Du pays tout entier je me fais l'interprète
En vous offrant ici mes souhaits apportés
Pour le plus grand bonheur de Vos deux Majestés.

NÉIDE

Vous incarnez en vous la grandeur souveraine.

NÉLUSKA

Vous êtes la grandeur elle-même.

UNE DAME, sur le seuil du pavillon, à gauche, et annonçant.

La reine !

NÉLUSKA

La reine ! quelle erreur étrange !

Arielle parle un moment à voix basse à Néide et à Néluska.

NÉLUSKA, comprenant.

C'est charmant;
Cela complétera le divertissement.

Zéphore sort du pavillon suivie de Zélide et de ses dames d'honneur. — On ouvre les rangs pour la laisser passer. — Néluska et Néide viennent avec empressement auprès d'elle.

NÉIDE, en saluant profondément.

Notre chère amitié vous est déjà connue,
Reine.

ZÉPHORE

Je vous souhaite encor la bienvenue,
Et peux vous affirmer que je vous rends aussi
Cette chère amitié dont vous parlez ici.

Les porte-enseignes d'Arielle reprennent la tête du cortège. — Zéphore, Néluska et Néide viennent après. — Arielle est après elles. — Zélide et Sita viennent ensuite; puis, les ministresses et les dames d'honneur. — Arrivée devant l'estrade, Zéphore place à sa droite Néluska, à sa gauche, Néide. — Arielle s'assied à côté de Néide. — Tout le cortège prend place sur l'estrade.

## * LA FÊTE

Au milieu de la fête on entend tout à coup un roulement de tambour. — Une grande surprise se manifeste. — Zélide, les ministresses et les dames d'honneur viennent se grouper autour d'Arielle. — Sita et la suite de Néluska et de Néide viennent se grouper à droite, derrière celles-ci. — Pendant ce moment de confusion, Zéphore est sortie.

* La fête sera composée selon les moyens dont on disposera ; à défaut d'autre élément, on dansera quelques instants.

ARIELLE

Que veut dire ce bruit ? serait-il au programme ?

*Un second roulement de tambour se fait entendre.*

NÉLUSKA, *à Arielle et avec orgueil.*

Non, c'est le dénoûment magnifique d'un drame
Qui fait notre triomphe et votre abaissement :
Votre pays si beau, si plein d'enchantement,
Ce Bramador rêvé que toute l'Inde admire,
Plus riche que Delhi, Golconde et Cachemire,
N'est plus à vous, il est à nous !

ARIELLE

En vérité,
Je crains pour la raison de...

NÉLUSKA, *l'interrompant et avec ironie.*

C'est trop de bonté,
Mais, comme on dit, je joue ici cartes sur table;
Le plan qui réussit est toujours acceptable,
Nous avons combiné le nôtre : En ce moment
Nos marins ont déjà fait leur débarquement ;
Reine déchue, ici vous êtes prisonnière !

ARIELLE

C'est le dernier outrage et la honte dernière !

Quoi! c'est en recevant notre hospitalité
Que vous avez conçu pareille lâcheté!

NÉLUSKA

Trêve de phrase!

ZÉPHORE, rentrant.

Allons, continuez la fête!

NÉLUSKA

Pour notre beau succès.

ZÉPHORE

Non, pour votre défaite.

NÉLUSKA

Mensonge!

ZÉPHORE

Ce matin, j'ai surpris le signal
Et le plan arrêtés avec votre amiral;
J'ai donc tout simplement fait l'envoi d'une note
Prescrivant d'attaquer sans délai votre flotte;
Notre brave amiral a rempli son mandat
En marin intrépide, en valeureux soldat,
Et, que vous consentiez ou refusiez d'y croire,
Tous vos vaisseaux perdus attestent sa victoire.

NÉLUSKA

Mensonge!

ZÉPHORE

Vous faut-il une autre preuve encor?

Elle va vers le fond, et elle fait un signe. Des marins viennent conduisan des prisonniers parmi lesquels sont les deux amiraux ennemis.

ZÉPHORE

Voyez nos prisonniers.

NÉIDE

O mes beaux rêves d'or!

ZÉPHORE

Le succès est prouvé de toutes les manières :
Maintenant, je vous fais toutes deux prisonnières.

NÉLUSKA, s'inclinant ironiquement.

Certes, cela mettra le comble à la bonté
De Votre Majesté.

Elle éclate de rire.

NÉIDE, s'inclinant et avec un éclat de rire.

De Votre Majesté.

ARIELLE, s'approchant de Zéphore.

De Votre Majesté, c'est le mot. Ces deux femmes
Ont osé, sans rougir de leurs projets infâmes,
Méditer le plus noir de tous les attentats,

Celui de me voler mon sceptre et mes états.
Eh bien! j'use du droit que me donne la guerre,

A Néluska et à Néide.

J'efface d'un seul trait vos splendeurs de naguère,
J'arrache de vos mains le sceptre, sans merci.

Elle les indique aux soldats, puis, elle dit à Zéphore.

Maintenant devant tous je vous proclame ici,
Ma bien chère et déjà glorieuse Zéphore,
Reine de Moulmarang et reine de Guilmore.

Elle pose le manteau royal sur les épaules de Zéphore, tandis que les soldats entourent Néluska et Néide pour les emmener.

# LE PETIT AGNEAU

PETITE PIÈCE EN UN ACTE, EN VERS

## PERSONNAGES

MADEMOISELLE ROSE, maîtresse de pension.

DINA

BERTHE

JULIE

NOÉMI

MADELEINE, jeune paysanne.

JACQUELINE

LE

# PETIT AGNEAU

---

Un site dans les bois. — A gauche, un massif d'arbres. — A droite, quelques troncs d'arbres au milieu de la mousse. — Au fond, vue des montagnes.

Mademoiselle Rose arrive dans le bois avec Dina, Berthe, Julie et Noémi; chacune d'elles porte un paquet de provisions.

## SCÈNE PREMIÈRE

### MADEMOISELLE ROSE, DINA, BERTHE, JULIE, NOÉMI

MADEMOISELLE ROSE, regardant autour d'elle.

Quelle admirable vue et quel endroit charmant!

DINA

Nous allons déjeuner, n'est-ce pas?

BERTHE

Justement

Nous arrivons à point, nous serons fort à l'aise;
Chacun de ces troncs-là nous servira de chaise,
Et la table sera ce tapis de gazon.

MADEMOISELLE ROSE

Notre salle à manger va jusqu'à l'horizon,
Et le ciel bleu nous sert de plafond.

BERTHE

A merveille!

Le joli déjeuner!

DINA

Une course pareille

Ouvre...

MADEMOISELLE ROSE, riant.

Des points de vue...

DINA

Et surtout l'appétit.

JULIE

C'est vrai, depuis longtemps l'estomac m'avertit
Qu'il faut songer à lui.

MADEMOISELLE ROSE

Ce déjeuner sur l'herbe
Vaut mieux que les splendeurs d'une table superbe.

BERTHE

Déjeunons.

DINA

Déjeunons, car je sens à la fin
Que je ne puis attendre et que je meurs de faim.

Mademoiselle Rose et les jeunes filles se placent sur les troncs d'arbres ; on ouvre les paquets apportés et on en sort un pâté découpé, des gâteaux et des fruits.

BERTHE

Vraiment, ce pâté-là fait très bonne figure.

DINA

C'est vrai.

On mange.

MADEMOISELLE ROSE

Moi, mes enfants, je vais donner lecture,
De quelques vers que j'ai trouvés dans un journal ;
Écoutez-les ; cela me semble original :

Elle lit :

— Sur un beau médaillon apporté de Carare,
Un remarquable artiste ayant sculpté les traits
D'une femme, avait fait, avec une œuvre rare,
Le plus ressemblant des portraits.

C'était un des joyaux que l'on garde en famille ;
Le profil était vrai, le nez fin, l'œil vivant ;
Un jour, dans le salon une petite fille
Entra comme elle entrait souvent.

On lui mit sous les yeux le médaillon : Devine,
Lui dit-on, et l'enfant dit en battant des mains :
C'est ma tante Julie ! et sa joie enfantine
Avait des sourires divins.

Mais bientôt d'une idée elle parut frappée ;
Son jeune front perdit son innocent orgueil,
Et puis : Tante ! vois-tu, je dois m'être trompée,
Ce n'est pas toi, tu n'as qu'un œil. —

BERTHE

C'est joli, très joli.

MADEMOISELLE ROSE

Si cela peut vous plaire,
Je vous en copierai demain un exemplaire.

DINA

J'apprendrai cette pièce avec un grand plaisir.

BERTHE

Vous avez, par bonté, prévenu mon désir.

DINA, à Noémi, en riant.

Que dis-tu du morceau que nous venons d'entendre ?

NOÉMI, la bouche pleine.

Du morceau ?

Elle mange.

DINA

Réponds donc.

NOÉMI

Je le trouve très tendre.

DINA

Il me semble parfait.

NOÉMI

Il est bien à mon goût.

DINA

Tu l'aimes, n'est-ce pas ?

NOÉMI

Je le mangerais tout !

DINA

Le manger ?... Noémi, tu plaisantes, sans doute.

NOÉMI

Je le mangerais tout, oui, tout, jusqu'à la croûte.

DINA, riant.

Mais de quoi parles-tu ? serait-ce, en vérité,
Du médaillon ?

NOÉMI

Mais non, je parle du pâté.

On rit. — A ce moment, une voix de jeune fille se fait entendre dans le massif d'arbres, à gauche ; on fait silence ; la voix chante la strophe suivante sur le motif du : FIL DE LA VIERGE. Mademoiselle Rose et les jeunes filles se lèvent.

LA VOIX

Combien le temps est doux ! sous les fraîches ramures,
Dans les buissons,
On écoute passer longuement des murmures,
Et des chansons ;
Là-bas, le moissonneur chante en liant sa gerbe
De lourds épis,
Tandis que le soleil penché brode sur l'herbe
Un grand tapis.

MADEMOISELLE ROSE

C'est le motif connu d'une vieille romance
Qu'on appelle le : FIL DE LA VIERGE.

BERTHE

Je pense
Que nous allons entendre un deuxième couplet,
Car le sujet me touche et le motif me plaît.

LA VOIX

Pourquoi chercher le bruit des villes? pourquoi faire
Tant de chemin?
On a le plus souvent la chose qu'on préfère
Là, sous la main.
La brise chante mieux que la corde sonore
D'un instrument ;
La goutte d'eau qui brille est plus limpide encore
Qu'un diamant.

MADEMOISELLE ROSE

On se laisse bercer par cette voix flatteuse.

BERTHE, battant des mains.

Moi, j'applaudis... bravo! la petite chanteuse!

MADEMOISELLE ROSE, regardant vers la gauche.

La voilà.

Madeleine, en petite paysanne, sort du massif d'arbres, à gauche; elle conduit par un cordon un petit agneau blanc.

## SCÈNE II

MADEMOISELL ROSE, DINA, BERTHE, JULIE, NOÉMI, MADELEINE

MADELEINE, à son agneau.

Viens, Bibi, j'oubliais que le jour

Baisse; il faut que je sois bien vite de retour;
Dépêchons-nous, Bibi, viens donc, ma pauvre bête.

Madeleine traverse la scène, mademoiselle Rose l'appelle.

MADEMOISELLE ROSE

Écoutez.

Madeleine s'approche.

C'est bien vous qui chantiez, ma fillette?

MADELEINE, faisant la révérence.

Oui, Mamselle, un morceau de tous ici connu,
Qu'une dame chantait et que j'ai retenu.

MADEMOISELLE ROSE

Votre voix est charmante.

MADELEINE

Oh! Mamselle...

NOÉMI, à Dina.

Regarde
Le beau petit agneau!

Noémi veut prendre le petit agneau dans ses bras.

DINA

Noémi, prends donc garde
De lui faire du mal.

NOÉMI

Il est bien trop gentil,

Et je l'aime déjà.

A Madeleine.

Comment s'appelle-t-il?

MADELEINE

Bibi.

Elle s'interrompt, puis elle dit :

Je suis bien triste, allez... même je pleure...

JULIE

Tu pleures? cependant tu chantais tout à l'heure.

MADELEINE

C'est vrai... par habitude et sans trop le savoir.

MADEMOISELLE ROSE

Et pourquoi pleurez-vous?

MADELEINE

C'est que je vais ce soir

Au village voisin vendre Bibi.

NOÉMI

Le vendre?

MADELEINE, pleurant.

Oui, puis on le tuera.

Elle entoure le cou de l'agneau.

NOÉMI

Ce soir?

MADELEINE

Oui, sans attendre
A demain; j'ai fait tout pour empêcher cela,
Mais le maître le veut et j'obéis... Voilà
Que je m'oublie encor... allons, allons, en route,
Ma pauvre bête, viens...

DINA

Mais c'est affreux!...

*A Madeleine.*

Écoute :
Combien espères-tu vendre Bibi?

MADELEINE

Je dois
Le vendre quinze francs, il a déjà deux mois.

DINA

Eh bien! je mets trois francs.

BERTHE, *après avoir vidé son porte-monnaie et compté ce qu'elle a pris.*

Et moi, deux francs quarante:
C'est tout ce qui me reste et je n'ai pas de rente.

NOÉMI

Moi, je n'ai que vingt sous;

Elle les donne à Dina.

Prends-les, Dina.

DINA

Merci.

JULIE

Moi, je donne mon mois, cinq francs, et les voici.

Elle remet cinq francs à Dina.

MADEMOISELLE ROSE

Oh! l'excellente affaire et la charmante banque!
Moi, mes chères enfants, je donne ce qui manque.

MADELEINE

On ne le tuera pas!

Dina compte les quinze francs à Madeleine, celle-ci lui remet le cordon qui tient le petit agneau.

Vous le soignerez bien,
N'est-ce pas?

BERTHE

Sois tranquille, il sera près du chien
Dans le jardin.

DINA

Nos soins vont l'entourer, ma chère;
Nous l'élèverons bien, il fera bonne chère;
Il sera très heureux.

MADEMOISELLE ROSE

Mettons-nous en chemin,
Mes enfants, vous aurez à travailler demain.

LES JEUNES FILLES

En route!

MADEMOISELLE ROSE, tendant la main à Madeleine.

Allons, adieu.

MADELEINE

Bien le bonjour, Mamselle.

Saluant les jeunes filles.

Soignez-le bien.

Elle vient vers Bibi et elle lui met les bras autour du cou.

Adieu, mon pauvre agneau fidèle!
Je ne t'oublierai pas.

Elle l'embrasse; Mademoiselle Rose, Dina qui tient Bibi, et les jeunes filles sortent par la droite.

## SCÈNE III

MADELEINE

Cher Bibi, tu vivras,
Mais je ne pourrai plus te porter dans mes bras;
Je ne te verrai plus le matin, sur ma porte,
Prendre pour déjeuner l'herbe que je t'apporte,
Et quand le soir me fait regagner la maison
Tu ne seras plus là, mon pauvre compagnon!
La tristesse me prend et j'en ai l'âme pleine.
Chère bête!...

*Jacqueline vient par le fond.*

## SCÈNE IV

MADELEINE, JACQUELINE

JACQUELINE

A quoi donc penses-tu, Madeleine?

MADELEINE

A Bibi.

JACQUELINE

Je comprends, mais c'est comme cela;
On prend sa nourriture avec ces bêtes-là,
Et de quelle façon, vois-tu bien, qu'on se range,
On les aime beaucoup, c'est vrai, mais on les mange.

MADELEINE

On ne mangera pas Bibi.

JACQUELINE

Tant mieux pour lui,
Mais ce sera demain si ce n'est aujourd'hui.

MADELEINE

Non; tout à l'heure, ici, de belles demoiselles
L'ont payé quinze francs et l'ont pris avec elles;
Il sera bien soigné, bien nourri, bien traité.

JACQUELINE

Tiens! il est plus heureux que nous, en vérité.

Après une pause.

Allons, viens, Madeleine, il faut nous mettre en route,
Tu sais ce qu'un retard vaudrait pour toi.

MADELEINE, avec empressement.

Sans doute
On me battrait... allons...

Les deux jeunes filles font quelques pas vers la gauche, lorsque mademoiselle Rose, Dina, Berthe, Julie et Noémi arrivent rapidement dans le bois.

## SCÈNE V

MADELEINE, JACQUELINE,
MADEMOISELLE ROSE, DINA,
BERTHE, JULIE, NOÉMI

DINA

Bibi s'est échappé!

BERTHE

J'ai cru qu'en m'élançant je l'aurais rattrapé;
Eh bien! moi qui toujours arrive la première
Quand nous courons, je suis demeurée en arrière;
Il court joliment bien!

DINA

Que faire maintenant?

MADELEINE

Je ne trouverais pas, certes, bien étonnant
Qu'il fût à la maison.

JULIE

Allons près de ton maître
Le réclamer.

MADELEINE

Pardon, voulez-vous me permettre

De chanter ?... je dirai seulement un couplet;
Bibi connaît ma voix.

MADEMOISELLE ROSE

Qui sûrement lui plaît.

MADELEINE, chantant:

Restons aux champs, laissons notre âme satisfaite
De son destin;
La terre autour de nous met sa robe de fête
Chaque matin;
Le souffle vaporeux qui parle avec la mousse
Est plein de chants;
L'horizon n'a point d'ombre et la lumière est douce :
Restons aux champs.

DINA, regardant vers le massif d'arbres, à gauche.

Voilà Bibi!

Madeleine va vers la gauche et elle revient tenant l'agneau par le cordon.

MADEMOISELLE ROSE, à Madeleine.

Vraiment, cette petite bête
M'intéresse ; elle doit vous aimer, ma fillette,
Pour reconnaître ainsi le son de votre voix.

MADELEINE, à Dina.

Tenez bien le cordon, Mamselle, cette fois ;

S'il s'échappait encor vous auriez de la peine
A l'atteindre; la nuit va venir.

JACQUELINE

Madeleine,
Viens vite, tu sais bien ce qui t'arrivera.

MADEMOISELLE ROSE

Qu'arrivera-t-il donc ?

MADELEINE

Oh ! rien...

JACQUELINE, à mademoiselle Rose.

On la battra.

MADEMOISELLE ROSE

On la battra ! pourquoi ?... parlez donc.

MADELEINE, avec un geste suppliant.

Jacqueline !

JACQUELINE, à Madeleine.

Pourquoi ne pas parler ?

A mademoiselle Rose.

C'est qu'elle est orpheline,
Et son maître est brutal; bien souvent pour un rien
Quand elle entre, le soir, il la bat comme un chien;
Et pourtant Madeleine est douce autant qu'un ange.

MADEMOISELLE ROSE

C'est cruel.

DINA

Je ne sais comment Bibi se range,

Désignant Madeleine.

Mais il s'en va toujours de ce côté.

BERTHE

Je vois

Qu'il ne veut pas venir avec nous.

MADEMOISELLE ROSE

Je le crois.

Après un silence et s'adressant à Madeleine.

Eh bien ! écoutez-moi, ma chère Madeleine :
Puisque votre existence est d'ennuis toujours pleine,
Voulez-vous en changer et venir avec nous ?

MADELEINE

Je devrais accepter, Mamselle, à deux genoux;
Pourtant...

MADEMOISELLE ROSE

Bibi, d'ailleurs, aussi vous recommande
D'accepter, car sans vous...

DINA, tenant toujours l'agneau par le cordon.

En vain je le gourmande,
Il ne veut pas tenir en place.

JACQUELINE, à Madeleine.

Accepte donc,

Et rends grâces à Dieu qui te fait pareil don.

MADELEINE

Le maître voudra-t-il me le permettre ?

MADEMOISELLE ROSE

Ensemble

Nous irons lui parler.

LES JEUNES FILLES

Oui, oui !

MADEMOISELLE ROSE, à Madeleine.

Que vous en semble?

Voyons.

MADELEINE

Eh bien ! j'accepte !... Oui, mon cœur est heureux

De recevoir l'appui de vos cœurs généreux ;

Je vous aime déjà, mais bientôt, je l'espère,

Vous m'aimerez un peu, ce sera mon salaire.

JACQUELINE

Tu ne m'oublieras pas, Madeleine?

MADELEINE

Jamais !

T'oublier, toi !

Elle l'embrasse.

JACQUELINE

J'irai te voir, je le promets.

MADEMOISELLE ROSE

Certes !

DINA, elle a été un moment vers le massif et elle revient.

Bibi, sans doute, a compris nos paroles;
Là, dans le pré voisin, il fait des cabrioles.

MADEMOISELLE ROSE

Allons voir votre maître.

MADELEINE

Oui ; je lui compterai
Les quinze francs.

MADEMOISELLE ROSE

C'est juste.

MADELEINE

Et puis je lui dirai...
Ah ! j'hésite devant une chose si chère,
Je lui dirai...

MADEMOISELLE ROSE

Quoi donc?

MADELEINE, lui baisant la main.

Que j'ai trouvé ma mère.

# LES DEUX SŒURS

COMÉDIE EN UN ACTE, EN VERS

## PERSONNAGES

MARTHE

LUCILE

GILBERTE

RENÉE

LUCY

PHILOMÈNE

CLAUDINE

UN HUISSIER

LES

# DEUX SŒURS

---

Porte au fond et à droite. A côté de la porte de droite, une petite porte donnant accès dans un cabinet. — Du même côté, un bureau avec des livres et des papiers. — A gauche, quatre marches conduisant à une table recouverte d'un tapis vert, et autour de laquelle sont disposés des fauteuils. — Bancs au fond.

## SCÈNE PREMIÈRE

MARTHE, LUCILE, GILBERTE, RENÉE, LUCY

MARTHE

Je ne vous ai pas dit, ma bien chère Lucile,
Pourquoi j'ai dû chez vous élire domicile,
Et disposer de tout ainsi dans la maison.

LUCILE

Vous n'avez pas besoin d'en donner la raison ;

Vous venez, il suffit, et vous êtes maîtresse
Comme moi, plus que moi.

MARTHE

Merci : Je m'intéresse
A deux sœurs que m'adresse un de mes bons amis ;
Bretonnes toutes deux elles ont du pays
L'entêtement classique et ce qui l'accompagne ;
Comme elles ont toujours habité la campagne,
Elles manquent un peu de tact et de bon goût,
Elles sont bêtes, là ! tout en s'aimant beaucoup.
Mais depuis qu'elles sont à Paris, l'harmonie
Semble de la maison s'être à jamais bannie,
Dispute violente, injures, coups de poing
Sont à l'ordre du jour et du soir. C'est au point
Que l'aînée est venue hier, presque affolée,
Me demander un juge inflexible. D'emblée
J'ai donné votre adresse et votre nom ; c'est moi
Qui vais la recevoir comme juge, et, ma foi !
J'espère m'en sortir, bien que mon éloquence
Risque au meilleur moment de se mettre en vacance.
Je vous demanderai, probablement aussi,
Votre concours.

LUCILE

Autant que nous sommes ici,

Moi-même, puis Gilberte, une de mes cousines,
Puis, Renée et Lucy, mes charmantes voisines,
Nous vous le promettons sans réserve et constant.

Toutes ces demoiselles s'inclinent en signe d'assentiment.

MARTHE

Merci... Voulez-vous bien me laisser un instant
Pour entrer tout à fait dans l'esprit de mon rôle ?
Juge sans avoir fait son droit, c'est vraiment drôle.

LUCILE

Toutes, nous attendons vos ordres.

MARTHE

C'est charmant.

Lucile sort avec Gilberte, Renée et Lucy.

## SCÈNE II

MARTHE

Je commence aussitôt mon travestissement.

Elle va un moment dans le cabinet, à droite, et elle en revient avec une robe de juge et une toque.

Endossons sans tarder cette vieille défroque ;
D'abord, la robe noire,

Elle met la robe.

Et maintenant, la toque.

Elle pose la toque sur sa tête et elle se regarde dans une glace placée derrière le bureau.

Tiens ! j'ai l'air sérieux qu'il faut en pareil cas.

Revenant vers le bureau.

N'ai-je rien oublié ?

Consultant des papiers.

Tribunal, avocats.

Lisant une note.

Auprès de moi mander Jenny, la sœur cadette.

Parlant.

C'est fait.

Lisant encore :

Mander la bonne aussi.

Parlant.

La chose est faite ;
Toutes deux se rendront à l'invitation.

On sonne.

Ah ! voici la plaignante, entrons en fonction.

Elle s'assied devant son bureau. — Philomène entre.

## SCÈNE III

MARTHE, PHILOMÈNE

PHILOMÈNE

Monsieur Sarien?

MARTHE

C'est moi.

PHILOMÈNE

Vous n'êtes pas sensible?

MARTHE, avec emphase.

Jamais.

PHILOMÈNE

Très bien. De plus vous êtes inflexible?

MARTHE

Toujours.

PHILOMÈNE

C'est encor mieux... Vous jugez...

MARTHE, avec la même emphase.

Par devoir;

Le sentiment du droit guide notre pouvoir,
Et nous jugeons, aidés par l'austère science,
Dans la sérénité de notre conscience.

PHILOMÈNE

Eh bien ! il faut punir ma sœur Jenny.

MARTHE

Punir

Votre sœur, et pourquoi ?

PHILOMÈNE

C'est qu'il faut en finir :
J'ai toujours été bonne et très bonne pour elle,
Mais elle se complaît à me chercher querelle,
La colère l'excite, elle en a le hoquet :
Hier, elle m'a dit deux fois : Vieux perroquet !

MARTHE

Oh ! oh !

PHILOMÈNE

J'aurais compris qu'elle m'eût appelée
Perruche, et m'en serais peut-être consolée,
Mais, perroquet ! honnir mon sexe à ce point-là !
On n'a jamais rien vu de pareil à cela.

MARTHE

C'est très grave, en effet, c'est un délit d'outrage.
Et puis ?

PHILOMÈNE

En entendant cet affreux mot, l'orage

S'est déchaîné pour nous dans toute la maison;
J'ai répliqué, c'était de droit et de raison,
Ma sœur a tenu bon, car nous sommes têtues.

MARTHE

Alors?

PHILOMÈNE

Alors, Monsieur, nous nous sommes battues!
Mais comme elle est plus grande et plus forte que moi,
Je n'ài pas remporté la victoire.

MARTHE

La loi
Applique à ces délits sa rigueur salutaire.

PHILOMÈNE

Et cependant, malgré son mauvais caractère,
Je l'aimais autrefois, elle m'aimait aussi...
Mais cela ne peut plus continuer ainsi,
Et je viens appeler la justice à mon aide.

MARTHE

C'est de droit, mais il faut que l'affaire se plaide;
D'ailleurs, il est midi, le tribunal sera
En séance bientôt, il verra, jugera,
Et, je vous en réponds, il ne sera pas tendre.

PHILOMÈNE

C'est tout ce que j'espère, aussi, je vais attendre...
Merci, juge sublime!

MARTHE, se levant et à part.

Il est de fait, ma foi!
Qu'on ne voit pas beaucoup de juges comme moi.

Elle sort.

## SCÈNE IV

PHILOMÈNE, puis CLAUDINE

PHILOMÈNE

Tout ce qu'il dit est juste, il parle comme un livre;
C'est sur lui que je compte, il faut qu'il me délivre
Des soucis, des tourments que me donne Jenny;
Un peu de patience et tout sera fini.

Après un silence.

Qui l'aurait dit pourtant?

Claudine, la servante, entre.

PHILOMÈNE

Comment! c'est toi, Claudine?

Au lieu de demeurer chez nous, dans ta cuisine,
Que viens-tu faire ici?

CLAUDINE

Vrai! je n'en savons rien,
On m'appelle à midi devant monsieur Sarien;
Qu'est-ce que ce monsieur?

PHILOMÈNE

Un juge à mine austère,
Rigide de droiture et fier de caractère,
Avec cela pourtant très doux et très gentil.

CLAUDINE

Mais je n'avons rien fait, pourquoi m'appelle-t-il?

PHILOMÈNE

Ces messieurs ont le droit d'appeler tout le monde,
Et, c'est dans la loi même, il faut qu'on leur réponde
Et qu'on vienne au moment indiqué, sans cela
Pour vous faire marcher les gendarmes sont là.

CLAUDINE

Les gendarmes! j'avons toujours peur des gendarmes.

PHILOMÈNE

Tu te mets dans l'esprit d'inutiles alarmes;
On t'appelle, c'est vrai, mais ce n'est pas pour toi,
C'est pour être éclairés.

CLAUDINE

Etre éclairés par moi?
Moi, mettre la clarté sur une chose terne?
Mais je ne sommes pas lumignon ou lanterne.

PHILOMÈNE

Que vas-tu donc chercher? tu comprends toujours mal
Ce qu'on te dit; voici ce que...

UN HUISSIER, entrant par la droite et annonçant.

Le Tribunal.

Le président et deux juges prennent place sur l'estrade. Un huissier se tient à leur droite, un autre à leur gauche. Deux avocats en robe sont au pied de l'estrade.

## SCÈNE V

LE TRIBUNAL, PHILOMÈNE, CLAUDINE, AVOCATS, HUISSIERS, puis JENNY

LE PRÉSIDENT, à l'un des huissiers.

Introduisez Jenny Kéradec.

L'huissier sort par la droite et revient avec Jenny.

JENNY, entrant et apercevant Philomène.

Je devine.

LE PRÉSIDENT, à l'huissier.

Dans la salle à côté faites entrer Claudine.

L'huissier s'approche de la servante.

CLAUDINE

Qu'est-ce que vous voulez?

L'HUISSIER, l'emmenant vers la droite.

Allons, pas de raison!

CLAUDINE, en larmoyant.

Mais je n'avons rien fait pour me mettre en prison.

Elle entre dans la chambre dont l'huissier referme la porte.

## SCÈNE VI

LES MÊMES, moins CLAUDINE

LE PRÉSIDENT

Approchez-vous, Jenny; vous aussi, Philomène,
Et dites le motif qui vers nous vous amène.

PHILOMÈNE

Jenny m'a maltraitée et m'a battue aussi.

JENNY

Menteuse! est-il permis d'en imposer ainsi!

PHILOMÈNE

Pour le coup, c'est trop fort! que faut-il que l'on fasse
Quand on vous jette ainsi le mépris à la face?

JENNY

Mentir! elle est complète et voilà le bouquet.

PHILOMÈNE, à Jenny.

Ne m'avez-vous pas dit deux fois : Vieux perroquet?

JENNY

Oui, mais je soutiendrai jusqu'à mon dernier souffle
Que vous m'avez crié d'abord : Vieille pantoufle!

PHILOMÈNE

Une vieille pantoufle a, certe, encor son prix
Et ce n'est pas toujours un terme de mépris;
Mais un vieux perroquet, c'est le plus grand outrage
Surtout quand il s'applique à quelqu'un de notre âge,
C'est dire que l'on jase et que l'on étourdit,
Que l'on jette les mots sans savoir ce qu'on dit,
Qu'on n'a rien dans le cœur, qu'on n'a rien dans la tête,
Qu'on est une inutile et qu'on est une bête.

LE PRÉSIDENT

Vous prêtez à ce mot plus d'un sens qu'il n'a pas.

JENNY

Cela, de parti pris, revient à chaque pas ;

Si les anges du ciel venaient d'en haut pour elle,
Elle aurait vingt motifs de leur chercher querelle.

PHILOMÈNE

Mensonge !

LE PRÉSIDENT

Laissons là les mots, passons aux faits.

JENNY

Pour ceci, j'en éprouve encore les effets;
J'ai reçu, voyez-vous, une si rude gifle
Que le nez me fait mal encor quand je renifle,
J'ai vu mille flambeaux s'allumer, et je dois
Avoir encor, bien sûr, la marque des cinq doigts.

Venant devant les juges.

Constatez-le, Messieurs.

LE PRÉSIDENT

Oui, c'est d'une main lourde.

JENNY, regagnant sa place.

Sur l'oreille, vraiment j'en aurais été sourde.

LE PRÉSIDENT, à Philomène.

C'est un délit notoire et bien qualifié.

PHILOMÈNE

Mais elle ne dit rien, Messieurs, d'un coup de pié
Que j'ai reçu...

LE PRÉSIDENT

J'entends... Mais pour que la lumière
Se fasse, il faut savoir qui de vous, la première
A frappé l'autre; il faut l'avouer franchement.

PHILOMÈNE

C'est elle.

JENNY

Non, c'est elle.

PHILOMÈNE

Elle ment!

JENNY

Elle ment!

LE PRÉSIDENT

Huissier, faites venir de la salle voisine
Le témoin.

L'huissier sort par la droite et revient avec Claudine.

## SCÈNE VII

### LES MÊMES, CLAUDINE

CLAUDINE

Je voulons aller dans ma cuisine,
J'avons peur.

LE PRÉSIDENT

Approchez; voyons, ne craignez rien ;
Vous n'avez qu'à répondre à mes questions.

CLAUDINE

Bien;
Parlez, monsieur le juge.

LE PRÉSIDENT

Et d'abord, on vous nomme ?

CLAUDINE

Claudine.

LE PRÉSIDENT

Et votre nom de famille ?

CLAUDINE

Bonhomme.

LE PRÉSIDENT

Votre âge ?

CLAUDINE

Dix-neuf ans quand finira l'été.

LE PRÉSIDENT

Jurez de dire ici toute la vérité
Franchement, simplement et d'une façon brève.

CLAUDINE, levant la main gauche.

Je jurons !

LE PRÉSIDENT

Ce n'est pas la main gauche qu'on lève.

CLAUDINE

Faut-il lever le pied?

LE PRÉSIDENT

Gardez-vous en... Allons,

Levez votre main droite et jurez.

CLAUDINE, *cherchant un moment et levant la main droite.*

Je jurons!

LE PRÉSIDENT

C'est bien. Avez-vous vu souvent ces demoiselles

Se quereller?

CLAUDINE

Souvent : quand elles sont chez elles

C'est un cri du matin au soir.

PHILOMÈNE

Ce n'est pas vrai!

JENNY

Ce n'est pas vrai!

CLAUDINE

Pardon; ici, j'avons juré

De tout dire.

LE PRÉSIDENT

Il nous faut la vérité complète.

CLAUDINE

Chacune accuse l'autre et chacune s'entête,
C'est au point que déjà, dans le quartier du Bac,
Souvent on les compare à deux noix dans un sac.

LE PRÉSIDENT

Etiez-vous là pendant la dispute dernière?

CLAUDINE

Oui.

LE PRÉSIDENT

Laquelle des deux a frappé la première ?

CLAUDINE

En vérité, pour ça je ne le savons point ;
C'était des coups de pied, c'était des coups de poing,
Mais je n'avons pas vu commencer la bataille.

LE PRÉSIDENT

Deux sœurs ! qui le croirait ? quel revers de médaille
De l'amour fraternel !

A Claudine.

Asseyez-vous, témoin.

Claudine va s'asseoir sur un des bancs du fond.

Messieurs les avocats, c'est à vous : Prenez soin

12.

D'être brefs; il est vain, pour défendre une cause,
De dire en d'autres mots dix fois la même chose,
Les discours allongés ne prouvent rien, d'ailleurs
A mes yeux les plus courts sont toujours les meilleurs.

A l'un des avocats.

Maître Gilbert, parlez au nom de Philomène.

A l'autre.

Vous, maître Luc, parlez pour Jenny.

Philomène et Jenny vont s'asseoir sur l'un des bancs.

M^e^ GILBERT, après s'être drapé dans sa robe et parlant sur un ton tragique.

Qui m'amène?
Quels motifs, quelle cause ont fait que me voilà?

LE PRÉSIDENT

Si vous continuez, Maître, sur ce pied-là,
Je crois que vous serez bien vite à bout de souffle.

M^e^ GILBERT, sur un ton moins haut.

Je puis changer de pied, il s'agit de pantoufle
Et maintenant, je vais droit au fond du sujet:
Que se passe-t-il donc? Jenny se croit l'objet
D'une insulte à propos de pantoufle, elle allègue
La dureté du mot...

M^e^ LUC

Ah! ça, mon cher collègue,

Trouvez-vous que le mot contient tant de douceur
Que Philomène ait fait l'éloge de sa sœur ?

Me GILBERT

Non, mais à votre tour convenez, cher confrère,
Qu'il ne faut pas, non plus, choir dans l'excès contraire :
Pantoufle, en soi n'a rien de désobligeant, c'est
Un des jolis cadeaux en usage, on le sait,
On en brode, en effet, et par milliers de paires,
Pour les bonnes mamans et pour les bons grands-pères,
C'est sans méchanceté, sans fiel, sans aiguillon,
Et si vous en doutez, consultez Cendrillon.
Mais perroquet ! voilà l'injure constatée,
On ne peut transformer l'expression jetée...

Me LUC

Du tout, le perroquet est pétri d'agréments ;
Vieux, jeunes, bons papas et petites mamans,
Oncle, tante, neveu, nièce, garçon, fillette,
Tous viennent au perchoir de la gentille bête
Dire : As-tu déjeuné, Jaquot ? et doux de ton,
Jaquot leur répond : Oui, du rôti du mouton.
C'est un ravissement constant, ce sont des scènes
Pleines d'un charme intime et d'émotions saines,
Et vous nous accusez d'outrage ! en vérité
C'est y mettre un peu trop de bonne volonté.

LE PRÉSIDENT

Messieurs, passons aux faits.

Me LUC

Oui, quoi qu'on puisse dire,
C'est avant tout des faits qu'un tribunal s'inspire.

A Me Gilbert.

Ici, j'en ai la foi, vous ne répondrez rien.
Vous nous administrez une gifle.

Me GILBERT, avec un geste d'impatience.

C'est bien.

Me LUC

Comment! c'est bien? Vraiment je vous trouve sans gêne;
Voulez-vous qu'on reçoive une gifle à main pleine
Et par qui nous avons le nez couperosé
Sans...

Me GILBERT, l'interrompant.

Votre coup de pied, l'avons-nous refusé?
Il était appliqué pourtant de... pied de maître,
Et nous avons été bien forcés de l'admettre.

Me LUC

On ne dispute pas de pareils arguments.

Me GILBERT

Mais vous les invoquez vous-même à tous moments.

Me LUC

Irrévocablement votre affaire est perdue.

Me GILBERT

C'est ce que nous verrons.

LE PRÉSIDENT

La cause est entendue.

*Les avocats passent à droite et à gauche. Les juges ont l'air de délibérer pendant quelques instants. — Le président prend ensuite la parole.*

LE PRÉSIDENT

Le Tribunal, ouï les plaintes des deux sœurs,
Contradictoirement ouï les défenseurs,
Après avoir pesé les motifs qu'on expose,
Apprécié l'effet, apprécié la cause,
Jugeant dans sa justice et sa haute raison,
Condamne les deux sœurs à deux ans de prison;
De plus, et la prudence, à coup sûr, le conseille,
Philomène fera ses deux ans à Marseille,
Et Jenny les fera dans le nord. De longtemps
On n'aura plus à voir ces tableaux attristants
De deux sœurs qui devant s'aimer, qui, pouvant faire
Un modèle d'entente et d'affection chère,
S'outragent toutes deux, se haïssent au point
D'en venir, sans rougir de honte, aux coups de poing

Et d'invoquer la loi comme un dernier refuge.
C'est affreux !

Philomène a écouté attentivement le président ; sur les derniers mots prononcés par celui-ci, elle se lève.

PHILOMÈNE

Vous avez raison, monsieur le juge.
Ce que vous avez dit est venu dans mon cœur ;
On ne doit pas haïr ni mépriser sa sœur ;
J'ai, d'ailleurs, à Jenny souvent cherché querelle.
Je vous demande donc la liberté pour elle,
Je ferai la prison.

JENNY, se levant et venant auprès de Philomène.

Je n'entends pas cela !

LE PRÉSIDENT

Ah ! ça, d'où peut venir ce revirement-là
Après tant de dispute, après tant de colère ?

JENNY

Ce qu'a dit Philomène également m'éclaire ;
On ne doit pas haïr ni mépriser sa sœur,

Se rapprochant de Philomène.

J'ajoute qu'on la doit aimer de tout son cœur.

PHILOMÈNE

Je maintiens ma demande.

LE PRÉSIDENT

Une telle insistance

Vous relève à mes yeux, mais puisque la sentence
Est prononcée, il faut qu'on l'exécute.

PHILOMÈNE

Eh bien !
Accordez-nous, Messieurs, comme le plus grand bien,
De nous mettre en prison toutes les deux ensemble.

LE PRÉSIDENT, descendant et venant en scène suivi des juges, des avocats et des huissiers.

Je ne crois pas cela sérieux, il me semble
Qu'il faut vous séparer sans grâce ni merci.

JENNY

Je ne pourrai jamais vivre deux ans ainsi.

PHILOMÈNE

Est-ce qu'un tribunal est sans miséricorde?

LE PRÉSIDENT

Oui... Mais s'il est semblable à celui-ci, j'accorde
Qu'il a toujours le droit de se montrer clément
Et de modifier son premier jugement.

Il enlève sa robe et sa toque; les autres juges, les avocats et les huissiers en font autant; ce sont Marthe, Lucile, Gilberte, Renée et Lucy.

PHILOMÈNE, reconnaissant Marthe.

Mamselle Marthe! vous!

MARTHE

Moi, le juge inflexible,
Le juge austère, droit et surtout insensible,
Celle qui mieux que vous lisant dans votre cœur
Sentait l'affection portée à votre sœur,
Et qui d'une façon, peut-être un peu hardie,
Tout à l'heure a pour vous joué la comédie.

PHILOMÈNE

Je vous en remercie.

JENNY

Et vous en sais bon gré.

CLAUDINE, s'approchant.

Moi, je vous avons cru des juges pour de vrai
Et j'avions peur de vous; oh! comme j'étions bête!

MARTHE

Désormais, vous aurez une entente parfaite.

PHILOMÈNE

Grâce à vous.

Se tournant vers Jenny.

Car, ma chère, à la moindre raison,
Il faut nous rappeler nos deux ans de prison.

*A madame Dupont Vernon.*

# VOLUBILIS

FÉERIE EN UN ACTE, EN VERS

## PERSONNAGES

LA REINE DES FÉES

LA FÉE ÉMERAUDE

LA FÉE SAPHIR

LA FÉE TURQUOISE

LA FÉE AMÉTHYSTE

LA FÉE RUBIS

LA FÉE CHRYSOCALE

VOLUBILIS

LA PRINCESSE LUNA-LUNATICA

CORTÈGE DE FÉES. — LES ENVOYÉES DE LA LUNE.

# VOLUBILIS

---

Un salon chez la reine des fées. — Au fond, grande porte donnant sur un jardin. — Porte à gauche. — A droite, une estrade à laquelle on arrive par des gradins recouverts de riches étoffes.

La fée Émeraude est dans le salon. — Volubilis vient par le jardin.

## SCÈNE PREMIÈRE

### LA FÉE ÉMERAUDE, VOLUBILIS

ÉMERAUDE

Que faisiez-vous là-bas, chère Volubilis?
Vous alliez en rêvant par le sentier des lis;
Avez-vous fait des vers, gracieuse poète?

VOLUBILIS

Quelques-uns... vous savez qu'on célèbre la fête
De notre belle reine.

ÉMERAUDE

Oui, je le sais.

VOLUBILIS

Je veux
Lui présenter ce soir mes strophes et mes vœux,
Car le vent m'a dicté dans ses molles bouffées
Ce que j'oserai dire à la reine des fées.

ÉMERAUDE

Et vos vers toujours purs et d'un style charmant
Se feront le reflet de votre cœur aimant.

VOLUBILIS

Non, non, seraient-ils pleins de force et de puissance,
Ils diraient mal l'éclat de ma reconnaissance;
Il est des sentiments qu'on ne peut exprimer.

ÉMERAUDE

Hors cependant celui qui me fait vous aimer.

VOLUBILIS, en lui prenant les mains.

Je le sais, et pourtant il m'est doux de l'entendre,
Mais mon cœur vous rend bien votre affection tendre.

ÉMERAUDE

Voilà ce qui me rend soucieuse aujourd'hui.

VOLUBILIS

Soucieuse ?

ÉMERAUDE

Ici même on n'est pas sans ennui;
On voit près du bonheur l'anxiété qui rôde.

VOLUBILIS

Vous me faites trembler, parlez, chère Émeraude.

ÉMERAUDE

Notre reine, on le sait, voyage très souvent;
Sur son char magnifique et plus prompt que le vent
Elle va parcourir les cieux sans peine aucune.
Un jour donc sur son char elle fut dans la lune;
Elle voulait connaître un peu ce pays-là,
En voir les habitants, leur parler; mais voilà
Que soudain à ses pieds notre reine étonnée
Aperçut une enfant, sans doute abandonnée,
Qui vers elle tendait les bras en souriant;
La reine interrogea longuement l'orient,
Elle fit les appels qui s'en vont dans l'espace
Vibrer comme une voix éclatante qui passe,
Rien ne lui répondit; La reine prit alors
L'enfant, comme l'on prend le plus cher des trésors,
Le plus pur des joyaux, le plus beau des trophées...
Et vous vîntes ainsi dans le séjour des fées.

VOLUBILIS

L'enfant, c'était donc moi?

ÉMERAUDE

C'était vous.

VOLUBILIS

Mais pourquoi

Êtes-vous aujourd'hui soucieuse pour moi?

ÉMERAUDE

M'y voici, maintenant : Votre heureuse venue
Remplit tout le palais d'une joie inconnue ;
On s'attacha si bien à vous, on découvrit
Tant de précocité dans votre jeune esprit,
Qu'on résolut, un jour, de vous rendre immortelle ;
On pouvait aisément faire une chose telle ;
Mais on avait compté sans Chrysocale, sans
L'impitoyable fée aux discours menaçants,
Au dur geste, à la voix dans la haine timbrée ;
Elle invoqua les lois et la charte jurée
Si bien que malgré nous il fallut décider
Que pendant dix-huit ans l'on pourrait vous garder
Au palais, mais qu'après et sans réserve aucune,
Hélas ! il vous faudrait retourner dans la lune...
Dix-huit ans sont passés...

VOLUBILIS, avec surprise.

Alors je dois partir !

Elle met la tête dans ses mains.

ÉMERAUDE

Il le faut.

VOLUBILIS, relevant la tête.

Eh bien! non! je n'y puis consentir!
Vous ne pouvez admettre et ne pouvez prétendre
Que je ne doive plus vous voir ni vous entendre.

ÉMERAUDE

Hélas!

VOLUBILIS

Que devient-on, faites-le moi savoir,
Quand on cesse d'entendre et qu'on cesse de voir?

ÉMERAUDE

Chère enfant, on l'ignore au palais où nous sommes
Mais on le voit ici, dans le séjour des hommes,
On appelle cela mourir.

VOLUBILIS

Mourir?... Eh bien!
J'en mourrai, je le sens... Après vous il n'est rien
Qui pour mon cœur brisé garde le moindre charme.

Elle s'interrompt et elle porte la main à ses yeux.

Mes yeux deviennent lourds... qu'ai-je donc?

ÉMERAUDE

Une larme!

Chère Volubilis ! par vous ici je vois
Une larme tomber pour la première fois;
On appelle cela pleurer.

*Elle lui prend la main.*

Allons, courage !
Il faut savoir plier la tête sous l'orage.

VOLUBILIS

Si l'on pleure en songeant qu'on se doit séparer,
Je l'apprends à mon tour, j'ai besoin de pleurer.

*Elle sort par la gauche.*

## SCÈNE II

ÉMERAUDE

La douleur que je sens est plus vive peut-être
Que la sienne; j'ai dû n'en rien faire paraître
En raidissant mon cœur... Pauvre Volubilis !
J'ai souffert de la voir aussi pâle qu'un lis,
Et lorsque cette larme est tout à coup venue
Dans un plus grand effort je me suis contenue,
Car j'ai cru, mais sans doute une erreur m'abusait,
Que sous mes yeux aussi quelque chose pesait.

**Elle regarde vers le fond.**

Voilà mes sœurs.

**La fée Saphir, la fée Turquoise, la fée Améthyste et la fée Rubis entrent.**

## SCÈNE III

ÉMERAUDE, SAPHIR, TURQUOISE,
AMÉTHYSTE, RUBIS

SAPHIR, **à Emeraude.**

Qu'a dit Volubilis ? a-t-elle
Paru souffrir beaucoup ?

ÉMERAUDE

Oui, sa douleur est telle
Que j'en suis malheureuse encor, la pauvre enfant
A dit qu'elle en mourrait.

AMÉTHYSTE

C'est un poids étouffant
Qui tombe sur son cœur.

TURQUOISE

On oublie à cet âge.

SAPHIR

Nous à qui l'on donna la sagesse en partage,
Nous aurions dû prévoir un tel événement;
Nous n'avons pas songé qu'il viendrait un moment
Où tant d'affections longuement épanchées
Seraient de tous nos cœurs brusquement arrachées.
Mes chères sœurs, je dois avouer, pour ma part,
Les regrets que déjà me cause ce départ;
J'aime Volubilis comme une enfant chérie.

ÉMERAUDE et AMÉTHYSTE

Nous aussi.

TURQUOISE et RUBIS

Nous aussi.

SAPHIR

Mesurez, je vous prie,
Ce que Volubilis souffre, quand sur nos fronts
On peut lire déjà tout ce que nous souffrons;
Puis, je repousse en vain une idée importune
Que j'ai là, que peut-on devenir dans la lune,
Dans ce pays affreux par les fous exploré ?

ÉMERAUDE

C'est très vrai.

RUBIS

C'est très vrai.

AMÉTHYSTE

C'est très vrai.

TURQUOISE

C'est très vrai.

RUBIS

Que faire cependant ?

SAPHIR

La cause principale
De ce trouble profond remonte à Chrysocale ;
L'inexorable fée a soutenu jadis
Que nous ne pouvons pas rendre Volubilis
Puissante comme nous, comme nous immortelle,
Cela, de par la charte et les lois, disait-elle.
Eh bien ! pour mettre fin à sa prétention,
Nous devons réviser la Constitution ;
C'est notre droit formel, il suffit que la reine
Nous appelle en Congrès, et la loi souveraine
Modifiée ainsi que nous l'aurons voulu,
Permettra d'accomplir le projet résolu.
Qu'en pensez-vous ? l'idée est-elle bien trouvée ?

ÉMERAUDE

Approuvée.

RUBIS

Approuvée.

AMÉTHYSTE

Approuvée.

TURQUOISE

Approuvée.

SAPHIR

Le Congrès pourrait donc, en toute liberté,
Dispenser la sagesse et l'immortalité ;
Mais, songez-y, pour voir triompher mon idée
Il faut qu'aujourd'hui même on se soit décidée;
Ce soir, Volubilis doit partir, les instants
Sont comptés, nous devons ne pas perdre du temps,
Et puisque nous n'avons aucune divergence,
Mes sœurs, nous aurons soin de réclamer l'urgence.

ÉMERAUDE

C'est très bien, nous voilà prêtes à discuter.

SAPHIR, vers le fond.

Voici la reine, il faut d'abord lui présenter
Nos vœux.

ÉMERAUDE

Volubilis vient de me dire à peine
Qu'elle a fait dans ce but quelques strophes.

On entend la marche des fées ; Saphir, Emeraude, Améthyste, Rubis et Turquoise prennent place devant l'estrade, à droite. — Des fées précèdent la reine et viennent se placer à gauche; lorsque la reine paraît à la porte du fond, une fée lève sa baguette et annonce :

LA FÉE, annonçant.

La Reine!

La suite de la reine prend place à droite et à gauche. — Volubilis entre.

## SCÈNE IV

### LA REINE, ÉMERAUDE, SAPHIR, TURQUOISE, AMÉTHYSTE, RUBIS, VOLUBILIS, LES FÉES

A l'entrée de la reine, les fées chantent le chœur suivant sur le motif *Chantez, joyeux ménestrel*, de la DAME BLANCHE :

LES FÉES

Chantons nos refrains en chœurs;
Strophes de tendresse pleines,
Vers la plus belle des reines
Elevez-vous de nos cœurs.

LA REINE

Mes chères sœurs, l'accueil charmant que vous me faites
Vaut pour mon cœur ému la plus belle des fêtes ;
Mon bonheur est sans borne et sans expressions
En me voyant l'objet de tant d'affections.

VOLUBILIS, s'approchant de la reine.

Reine, daignerez-vous me permettre de dire
Quelques stances ?

LA REINE

Les chants tombés de votre lyre
Avec l'affection qu'ils savent exprimer,
Ont le don précieux de plaire et de charmer.

Volubilis s'incline devant la reine, puis, elle récite :

VOLUBILIS

— Quand le vent du soir remplit de murmures
Les fraîches ramures,
Chaque feuille dit avec un frisson
Sa vague chanson.

Ainsi quand j'entends le souffle qui passe
A travers l'espace,
Mon cœur tout épris du rythme charmant
Vibre longuement.

Et comme un son vague au milieu d'un rêve
Ma chanson s'élève,
Et ce que j'entends et ce que je vois
Passe dans ma voix.

Pourtant je l'atteste, ô reine que j'aime !
Mon plus doux poème,
Ce qui remplit mieux mes humbles accents
De ce que je sens,

C'est vous, c'est à vous que mon cœur adresse
Toute sa tendresse,
Et pour vous aussi j'ai mis dans ces vers
Mes vœux les plus chers.

Recevez-les donc ; puisse leur langage
Vous donner le gage
De l'affection et des sentiments
De nos cœurs aimants.

Puisse-t-il surtout vous parler de celle
Qui tremble et chancelle
En songeant qu'il faut quitter ce séjour
A la fin du jour. —

A plusieurs reprises, Volubilis s'est interrompue ; à la fin de la dernière strophe, l'émotion l'oblige de s'arrêter. La reine vient auprès d'elle.

LA REINE

Chère enfant, je comprends votre douleur profonde ;
Mais la décision rigoureuse se fonde
Sur le texte précis et formel de la loi.

VOLUBILIS

Loin de votre présence il n'est plus rien pour moi;
Mon cœur se brisera dans le premier coup d'aîle.

LA REINE

Nous garderons de vous un souvenir fidèle.

ÉMERAUDE

Chère Volubilis !

LA REINE

Hélas ! ma pauvre enfant,
On ne peut pas vouloir ce que la loi défend.

ÉMERAUDE

Ne peut-on l'adoucir dans sa rigueur extrême ?

CHRYSOCALE, se détachant du milieu des fées.

La constitution est le code suprême ;
C'est la loi reconnue et personne ne doit
S'écarter du chemin qu'elle montre du doigt.

LA REINE, à Chrysocale.

Vous savez bien qu'ici nulle ne s'en écarte.

CHRYSOCALE

Il faut, et dès ce soir, que Volubilis parte.

SAPHIR

Je ne m'explique pas un tel acharnement.

CHRYSOCALE, avec vivacité.

Je vous rappelle aux lois, au texte, au règlement !

SAPHIR, à Chrysocale.

La loi ! mais de tous temps elle fut observée,
Puisqu'au milieu de nous l'on vous a conservée.

CHRYSOCALE

Insolente !

LA REINE, leur imposant silence.

Mes sœurs !

SAPHIR

Reine, pardonnez-moi.
Mais puisqu'à tout propos et je ne sais pourquoi
On invoque la loi, son esprit et sa lettre,
A mon tour je m'en sers, et je viens vous soumettre
Le projet d'assembler le Congrès aujourd'hui.

LA REINE

C'est votre droit, ma sœur, mais il vous faut l'appui
De quatre voix.

SAPHIR

C'est juste et qu'à cela ne tienne.

Elle se tourne vers Émeraude.

ÉMERAUDE

Moi, je donne ma voix.

RUBIS

Moi, je donne la mienne.

AMÉTHYSTE

Comptez la mienne aussi.

TURQUOISE

Comptez la mienne aussi.

LA REINE

C'est fort bien.

A Saphir.

Maintenant, exposez-nous ici
Votre projet, il faut qu'on le juge.

CHRYSOCALE

Sans doute,
Il faut d'abord juger.

LA REINE, à Saphir.

Parlez, on vous écoute.

SAPHIR

Reine, et vous, chères sœurs, vous savez que ce soir
Volubilis nous doit quitter ; son désespoir
N'a pu se contenir même en votre présence...

LA REINE, l'interrompant.

Pardon, comme on pourrait invoquer l'influence,
Et que cela serait contraire au règlement,

A Volubilis.

Chère Volubilis, sortez pour un moment.

Volubilis s'incline devant la reine et elle sort par la gauche.

## SCÈNE V

### LES MÊMES, moins VOLUBILIS

LA REINE

Continuez, Saphir.

SAPHIR

Le devoir nous commande
De garder cette enfant. Dans ce but, je demande,
Puisque la loi proscrit cette mesure-là,
Qu'on révise le point rigoureux ; pour cela
On sait que l'assemblée est de droit souveraine
Après l'assentiment de notre auguste reine.

LA REINE

Mes sœurs, ne doutez pas de mon assentiment.

CHRYSOCALE

Cependant...

LA REINE, *avec sévérité.*

C'est mon droit, d'après le réglement.

CHRYSOCALE

Pour mûrir ce projet avec intelligence,
Il faut le temps voulu...

ÉMERAUDE

Je demande l'urgence !

AMÉTHYSTE, RUBIS et TURQUOISE

L'urgence !

LA REINE

Assemblons-nous alors sans plus tarder.

CHRYSOCALE, à part.

D'avance je sais bien ce qu'on va décider ;
Mais je ne me tiens pas pour battue, on peut croire
Que je ne cède pas si vite la victoire.

Chrysocale sort. — La reine prend place sur l'estrade ; Saphir, Emeraude, Améthyste, Rubis et Turquoise se mettent à ses côtés ; les autres prennent place sur les gradins au pied desquels deux fées demeurent debout, aux ordres de la reine.

## SCÈNE VI

LA REINE, SAPHIR, ÉMERAUDE, RUBIS, AMÉTHYSTE, TURQUOISE, LES FÉES

LA REINE, se levant.

La séance et ouverte.

A Émeraude.

Émeraude, veuillez
Tenir la plume.

Aux fées.

Et vous, mes chères sœurs, veillez
A ce que le débat, toujours serein et juste,
Demeure à la hauteur d'une assemblée auguste.

Elle s'assied.

La parole est donnée à Saphir.

SAPHIR

Vous savez
Quels pénibles regrets nous avons éprouvés
En songeant qu'il nous faut voir partir ce soir même
L'enfant que nous aimons, mes sœurs, et qui nous aime.
Or, pour nous épargner ce chagrin, que faut-il?
Point de phrase cherchée ou d'argument subtil;
Puisque sans invoquer le plus vague prétexte,
La constitution refuse dans son texte
Le pouvoir équitable et le droit mérité
De donner la sagesse et l'immortalité,
Révisons-la.

LES FÉES

Très bien!

SAPHIR

Dès lors, je vous propose
De supprimer le texte et de mettre une clause
Dont voici la teneur : — Le Congrès réuni
Ne se limite plus en nombre défini,
Et sur un vote exprès il donne à telle ou telle
Son esprit de sagesse et la vie immortelle. —

LES FÉES

Très bien !

LA REINE

Demande-t-on la parole ?

*Après un silence.*

Je vois
Que les débats sont clos... Je mets l'article aux voix :
Que celles d'entre vous qui l'adoptent, se lèvent.

*La reine et toutes les fées se lèvent.*

LA REINE

C'est adopté.

LES FÉES

Bravo !

*La reine et les fées se rasseyent; Émeraude reste debout.*

ÉMERAUDE

Les bravos qui s'élèvent

Disent l'émotion dont nos cœurs sont remplis.
Achevons notre tâche et que Volubilis
En vertu de la loi reçoive avec largesse
L'existence éternelle et l'esprit de sagesse.
Mes sœurs, je vous en fais la proposition.

SAPHIR

Adoptée !

LES FÉES

Adoptée !

LA REINE

Et sans discussion.

ÉMERAUDE

La double faculté lui doit être imprimée
Dans un baiser donné par notre reine aimée.

LA REINE

A merveille !

*Aux deux fées demeurées debout.*

Priez Volubilis d'entrer.

*Les deux fées sortent par la gauche.*

LA REINE

En vérité, mes sœurs, rien ne pourrait montrer
Combien en ce moment mon bonheur est extrême.

*Les deux fées rentrent avec Volubilis; la reine et toutes les fées se lèvent.*

## SCÈNE VII

LES MÊMES, plus VOLUBILIS

LA REINE

Chère Volubilis ! le Congrès qui vous aime
Fait une loi charmante et pleine de douceur :
Vous étiez notre enfant, vous serez notre sœur.

VOLUBILIS, avec élan.

Je ne partirai pas !

**Elle met la main sur son cœur.**

Ah ! si je suis troublée,
C'est de joie...

LA REINE

Approchez, et devant l'assemblée
Vous allez devenir fée et vous recevrez
Dans un embrassement les deux pouvoirs sacrés...
Venez, ma chère enfant.

**Volubilis se dirige vers les gradins pour aller auprès de la reine, lorsque Chrysocale entre soudainement.**

## SCÈNE VIII

### LES MÊMES, plus CHRYSOCALE

CHRYSOCALE

J'annonce la princesse
Luna-Lunatica, souveraine maîtresse
De la lune.

LA REINE, après avoir fait un mouvement de surprise.

C'est bien.

Elle descend de l'estrade et elle vient en scène ; Émeraude, Saphir, Rubis, Turquoise et Améthyste se rangent à droite. — Volubilis est à la gauche d'Émeraude. — Les fées se rangent à gauche. — Chrysocale se tient de ce côté.

CHRYSOCALE, à la reine.

Peut-on la recevoir?

LA REINE

Pour nous la courtoisie est le premier devoir.

Aux deux fées qui sont à la porte.

Introduisez.

Les deux fées s'inclinent et sortent.

VOLUBILIS, à Émeraude.

J'ai peur.

LA REINE, *à part, à Saphir.*

Je trouve inopportune
Cette visite.

CHRYSOCALE, *à part et en remarquant la crainte manifestée chez les fées.*

Allons, à propos de la lune,
L'intérêt va... croissant.

*Les deux fées rentrent par le fond et introduisent la princesse Luna-Lunatica et son cortège. — La princesse et les femmes de sa suite sont vêtues de robes argentées, et elles portent une demi-lune sur la tête.*

## SCÈNE IX

LA REINE, SAPHIR, ÉMERAUDE, RUBIS, AMÉTHYSTE, TURQUOISE, VOLUBILIS, CHRYSOCALE, LA PRINCESSE LUNA-LUNATICA, LES FÉES, LA SUITE DE LUNA.

LUNA

Reine, nous vous offrons

*Luna et sa suite mettent toutes ensemble la main sur le cœur.*

L'hommage de nos cœurs.

**Elles s'inclinent ensemble et elles arrondissent les bras au-dessus de leurs têtes.**

Les saluts de nos fronts.

LA REINE

Dans ce palais soyez aussi les bienvenues.

LUNA

Nous venons jusqu'à vous de plus haut que les nues.

LA REINE

De la lune.

LUNA

En effet... C'est un pays charmant;
On y vit très heureux sous mon gouvernement,
Et plus d'un bel esprit l'a choisi pour domaine...
Mais je dois m'occuper de l'objet qui m'amène.

LA REINE.

Parlez.

LUNA

Figurez-vous, belle reine, qu'un jour
L'angoisse et la douleur régnèrent à la Cour;
Une nièce, une enfant comme on n'en voit aucune,
Sans que l'on sût comment, disparut de la lune.
Il serait superflu de vous dire combien
Je la fis rechercher, mais on ne trouva rien;

La nourrice endormie un instant sur la route
Ne l'avait plus trouvée à son réveil.

LA REINE

Sans doute
On a le sommeil dur dans la lune.

LUNA

Oui, voilà
Ce qui rend le pays imparfait, mais cela
Ne fait rien, car selon un bon et vieux proverbe,
Tout le monde s'entend.

LA REINE, *avec intention.*

Cela dépend du verbe.

LUNA, *continuant.*

On ne trouva donc rien; la lune fut longtemps
Pleine... de nos regrets, et depuis dix-huit ans
Notre espoir, amoindri sans cesse, n'est qu'un leurre;
Mais nos cœurs ont battu bien vite tout à l'heure,
Car nous avons appris que notre chère enfant
Est ici, près de vous.

VOLUBILIS, *à part, à Émeraude.*

Ah! rien ne me défend!
Elles m'emmèneront loin de tout ce que j'aime!

LA REINE

En effet, votre nièce est ici; c'est moi-même

Qui dans la lune, un jour, l'ai prise; mais croyez
Que j'ai fait des appels longs et multipliés,
Et si la chère enfant par moi fut emmenée,
C'est que chez vous je dus la croire abandonnée.

LUNA

Ah! puisqu'elle est ici, vous devez concevoir,
N'est-ce pas? à quel point j'ai hâte de la voir.

LA REINE

Je ne prolonge pas une pareille attente;

**Elle va prendre Volubilis par la main et elle la conduit à la princesse.**

Chère Volubilis, embrassez votre tante.

LUNA, **l'embrassant.**

Venez donc sur mon cœur, Volubilis, venez!...

**Elle la regarde.**

Oh! voilà bien ses yeux et voilà bien son nez.

VOLUBILIS

C'est vraiment très flatteur, ma tante...

LUNA

Elle est charmante.

**A la reine.**

On vous retrouve en elle et vous en complimente;
Tant de grâce chez nous doit être au premier rang.

CHRYSOCALE, à part.

Elle partira donc!

LUNA, à Volubilis.

Mon bonheur est si grand

*Elle lève la main vers la demi-lune qu'elle porte sur la tête.*

Que je fais le serment solennel de souscrire
Au vœu que vous ferez, et certes, je puis dire
Que toujours dans la lune on respecte un serment.

VOLUBILIS

Merci.

LA REINE, à Luna.

Pardon, princesse, un éclaircissement :
Dites-moi, s'il vous plaît, qui vous a prévenue
Et comment jusqu'à nous vous êtes parvenue.

LUNA

C'est bien simple.

*Désignant Chrysocale.*

Madame est venue au palais
Nous porter la nouvelle, et, d'ailleurs, je voulais
Vous dire tout mon gré de vos faveurs insignes.
Elle était sur un char traîné par quatre cygnes,
Un char éblouissant et qui plongeait dans l'air
Avec une vitesse à distancer l'éclair;

Un moment a suffi pour traverser l'espace,
Et me voilà chez vous, reine.

LA REINE

Je vous rends grâce.

*A Chrysocale.*

Vous avez fait cela sans notre assentiment.

CHRYSOCALE

C'est mon devoir.

LA REINE

Laissez un pareil argument.
Vous savez que la loi nous oblige, et serait-ce
Le plus grand des devoirs que cela vous paraisse,
Vous l'avez outragée en agissant ainsi.

*Se tournant vers Luna.*

Princesse, en tout cela n'ayez aucun souci;
Vous devez emmener l'enfant qui vous est chère;
Mais étant de nos lois la gardienne austère,
Je dois à l'instant même appeler le Congrès.

LUNA, *à part.*

Le Congrès! qu'est-ce donc?... voyons cela de près.

*Elle fait à la reine un signe d'assentiment.*

LA REINE, aux fées.

Prenez place.

La reine monte sur l'estrade et les fées prennent place dans l'ordre suivi précédemment. — Luna et Volubilis demeurent à gauche, au premier plan ; la suite de Luna se tient également à gauche. — Chrysocale est du même côté, vers le fond.

LUNA, à Volubilis qui demeure triste et pensive.

La chose est fort originale.

LA REINE

Mes sœurs, vous avez vu ce qu'a fait Chrysocale,
Elle l'a fait sans ordre et sans nous prévenir;
C'est un acte coupable et que l'on doit punir
D'après la loi formelle et dans cette séance.

CHRYSOCALE, s'avançant vers les gradins.

Je proteste !

LA REINE

Je mets aux voix la déchéance.

LES FÉES, se levant.

Adopté !

LUNA

C'est vraiment curieux.

LA REINE

C'est jugé.

La reine prend sa baguette et elle descend de l'estrade; les fées la suivent et se rangent en demi cercle derrière elle. La reine s'approche de Chrysocale et tend sa baguette vers elle.

Au nom de la justice et du droit outragé,
Demeure sans pouvoir, sois déchue et honnie,
Et de notre palais pour jamais sois bannie!

CHRYSOCALE, accablée.

Perdue!...

La reine frappe l'épaule de Chrysocale avec sa baguette qu'elle tend ensuite vers la porte, Chrysocale sort.

## SCÈNE X

### LES MÊMES moins CHRYSOCALE

SAPHIR

On a rendu le meilleur des arrêts.

LA REINE, venant auprès de Luna.

Princesse, excusez-moi.

LUNA, comme répondant à sa propre pensée.

C'est très beau qu'un Congrès.
Dans mon gouvernement je vois une lacune,
Et je vais réunir un congrès dans la lune;

A Volubilis.

Chère Volubilis, vous en serez aussi.

VOLUBILIS

Quoi! ma tante, faut-il que je parte d'ici?

LUNA

S'il le faut?... mais sans doute, il le faut.

VOLUBILIS, avec douleur.

Ah! ma tante!

LUNA

Est-ce donc là le prix d'une aussi longue attente?

LA REINE, à Volubilis.

La princesse a raison et vous devez partir.

VOLUBILIS, après un silence.

Non, non, je ne pourrai jamais y consentir.

LUNA

Vous le devez, pourtant.

VOLUBILIS

Ah! mon cœur se déchire!

Elle met un instant la tête dans ses mains, puis, elle la relève comme frappée d'une idée soudaine.

Vous m'avez dit tantôt que vous devez souscrire
Au vœu que je ferai.

LUNA

C'est vrai.

VOLUBILIS

Votre serment
Vous engage, sans doute?

LUNA

Irrévocablement.

VOLUBILIS

Eh bien! je fais le vœu sincère, ardent, suprême,

Se tournant vers les fées.

De ne pas m'éloigner de vous toutes que j'aime.

LA REINE, à Volubilis.

Chère enfant, n'usez pas d'un semblable recours.

LUNA, à la reine et après un silence.

Tantôt je vous disais qu'on s'entendait toujours
Là-haut, chez nous. Eh bien! j'ose encor le prétendre :
Notre Volubilis, vous venez de l'entendre,
Ne veut pas s'éloigner de vous; pour moi cela
Est une question de distance. Voilà
Mon projet : On vous place au rang d'astre d'élite;
Moi, je ne suis, hélas! qu'au rang de satellite;
Eh bien! reine, accueillez ma proposition :
Nous allons nous soumettre à votre impulsion
Pour que Volubilis, à son pays rendue,
Soit toujours sur vos pas à travers l'étendue.

A Volubilis.

Nous ne cesserons pas un instant de les voir.

VOLUBILIS

Puisqu'il en est ainsi, je ferai mon devoir.

LA REINE

Très bien.

*Elle s'approche de Luna et elle lui tend la main.*

Nous acceptons le pacte volontaire.

*A ce moment, un air de valse se fait entendre ; les fées viennent se grouper autour de la reine, et, sur le motif de valse, elles se balancent sur place. Luna vient prendre Volubilis, les dames du cortège se groupent deux à deux et elles valsent en rond autour des fées.*

LA REINE

La lune maintenant tourne autour de la terre.

# TABLE





IMPRIMERIE GÉNÉRALE DE CHATILLON-SUR-SEINE. — A. PICHAT.

LA PRONONCIATION FRANÇAISE ET LA DICTION, à l'usage des écoles, des gens du monde et des étrangers, par Alfred Cauvet, 1 vol. in-18.............. 2 50

PRINCIPES DE DICTION, par H. Dupont-Vernon, de la Comédie-Française, 1 vol. in-18............... 2 »

LA DICTION ET L'ÉLOQUENCE, par Alphonse Scholer, in-18.................................. 1 »

L'ART DE DIRE LE MONOLOGUE, par Coquelin aîné et Coquelin cadet, de la Comédie-Française. 1 vol. grand in-18.................................. 3 50

MONOLOGUES COMIQUES ET DRAMATIQUES, par E. Grenet-Dancourt. 1 vol. gr. in-18............ 3 50

MONOLOGUES ET RÉCITS, par E. Boucher et F. Galipeaux. 1 vol. in-18....................... 2 »

DISONS DES MONOLOGUES, par Paul Lheureux. 1 vol. gr. in-18.............................. 3 50

THÉATRE DE CAMPAGNE, recueil de comédies de salon, par les meilleurs auteurs dramatiques contemporains (huit séries ont paru). Chaque série, formant un vol. gr. in-18 jésus, est vendue séparément. 3 50

THÉATRE A LA VILLE, comédies de cercles et de salons, par Eugène Ceilier. 1 vol. gr. in-18....... 3 50

A COTÉ DE LA RAMPE, comédies et saynètes par Edouard Romberg. 1 vol. gr. in-18............. 3 50

IMPRIMERIE GÉNÉRALE DE CHATILLON-SUR-SEINE. — A. PICHAT.

www.ingramcontent.com/pod-product-compliance
Lightning Source LLC
LaVergne TN
LVHW010551110826
845149LV00003B/630

*9782019182977*